Julius Friedlaender

Die oskischen Münzen

Julius Friedlaender

Die oskischen Münzen

ISBN/EAN: 9783955641061

Auflage: 1

Erscheinungsjahr: 2013

Erscheinungsort: Bremen, Deutschland

EHV
HISTORY

DIE

OSKISCHEN MÜNZEN.

VON

JULIUS FRIEDLAENDER.

MIT ZEHN KUPFERTAFELN.

LEIPZIG, 1850.

Die Grundlage der vorliegenden Arbeit bildet die Königliche Münzsammlung zu Berlin, deren italische Münzreihen in den letzten Jahren durch beträchtliche Ankäufe bereichert und vervollständigt worden sind, welche ich im Auftrage des Herrn General-Directors von Olfers während eines mehrjährigen Aufenthalts in Rom Neapel und Sicilien gemacht habe. Die grössere Hälfte unserer Abbildungen stellt Exemplare der Königlichen Sammlung dar.

Das Münzkabinet des Museo Borbonico zu Neapel, überreich an italischen Münzen, ist noch nicht ganz geordnet; mehrere bedeutende Sammlungen welche die Regierung vorlängst erworben hat, zum Beispiel die berühmte des Duca di Noja, werden noch einzeln aufbewahrt; daher war trotz der grossen Liberalität des Herrn Avellino, welcher dem gesammten Museum vorgesetzt ist, diese reiche Quelle der Belehrung nicht ganz so zugänglich als zu wünschen wäre.

Die Sammlung der Brüder Santangelo zu Neapel, wohl die reichste in Europa an italischen Münzen, denn sie enthält fast alle seltenen und unedirten Münzen welche in den letzten Jahrzehnden im Königreich zu Tage oder in den Handel gekommen sind, haben wir durch die Gefälligkeit der Besitzer einige Male gesehen, aber ohne sie benutzen zu dürfen. Die Sammlungen des Principe di San Giorgio Spinelli und des Herrn Fusco zu Neapel, die des Herrn Kestner zu Rom, und andere kleinere haben uns einige schätzbare Beiträge geliefert. Ein Theil der Pariser Münzen lag uns in Mionnet'schen Schwefelpasten vor, einige wichtige Stücke der Kaiserlichen Sammlung zu Wien in Stanniolabdrücken.

Die ausgedehnten Reisen welche wir durch die meisten Provinzen des Königreichs beider Sicilien gemacht haben sind für die Bestimmung des Fundorts und der Herkunft mancher Münzen nicht ohne Erfolg geblieben, und auf dieses Kennzeichen ist hier um so grösserer Werth zu legen, als bekanntlich bei den italischen Münzen die wechselnden Sprachen und Dialecte und die in den verschiedenen Provinzen sich wiederholenden Städtenamen die Deutung der Aufschriften und die Bestimmung der Prägstätten oft erschweren.

Auch abgesehen von dem Interesse welches die oskischen Münzen für die Erforschung der Sprache haben, schien es in numismatischer Beziehung nicht unzweckmässig diesen Theil der italischen Münzkunde monographisch zusammenzustellen, da die Deutung der Aufschriften in einem anderen Zusammenhange sich nicht so übersichtlich darstellen liesse. In den zahlreichen Fällen wo die abgekürzten mit griechischen oder lateinischen Buchstaben geschriebenen Münzaufschriften es unbestimmt lassen welcher Sprache sie angehören, haben wir lieber das zweifelhafte in unseren Bereich ziehen, als vielleicht hierher gehöriges ausschliessen wollen.

Die oskischen Münzen sind früher, weil man die Sprache nicht verstand, vielfach irrig beschrieben und zugetheilt worden, wir haben uns bemüht sie vollständig und geordnet zusammen zu stellen und kritisch zu sichten. Bei der Menge oft wenig verschiedener Exemplare der nämlichen Münze schien es uns nicht nützlich die Beschreibung jedes einzelnen Exemplars zu wiederholen, wie Avellino in den Italiae veteris Numismata gethan hat. Vollständigkeit ist hierin doch nicht zu erreichen, die grosse Zahl von Beschreibungen verwirrt, und ein gutes Exemplar lehrt mehr als die immer und immer wiederholte Beschreibung vieler unvollkommenen. Selbst in der genauen Aufzählung kleiner Varietäten und in der Angabe der Quellen dafür, haben wir uns beschränkt um nicht ermüdend zu werden, das nöthige und wesentliche ist angeführt. Wir dürfen hoffen unseren Gegenstand zu einem vorläufigen Abschluss gebracht zu haben, freilich nur zu einem vorläufigen, denn nicht allein fördert der Boden Italien's immer neue Münzen und vervollständigende Exemplare der bekannten zu Tage, welche noch manche schwankende Lesung und Attribution feststellen werden, sondern es kann auch keine Arbeit über italische Münzen sich nur relativer Vollständigkeit rühmen so lange das Museo Borbonico und die Santangelo'sche Sammlung zu Neapel nicht alle ihre Schätze eröffnen.

Bei der grossen Ausdehnung der Litteratur der italischen Numismatik mögen auch wohl einzelne Notizen uns entgangen sein, vielleicht kann später eine umfassendere Arbeit nachholen was hier mangelhaft ist. Es scheint unnöthig die zahlreichen bekannten Werke zu erwähnen welche uns als Quellen gedient haben, wir wollen nur die Titel einiger öfter citirten neueren oder in Deutschland seltenen Werke hier angeben, um sie nachher kurz anführen zu können.

Einige Aufsätze von Annibale Olivieri im zweiten Bande der Saggi di dissertazioni dell' accademia di Cortona, Roma 1742 bis 1791, 9 Bände.

Monumenti inediti di antichità e belle arti raccolti da una società archeologica, Napoli 1820, Distribuzione I und II . Mehr ist nicht erschienen. Die numismatischen Aufsätze sind meistens von dem Principe di San Giorgio.

(Daniele) Numismatica Capuana, monete antiche di Capua, Napoli 1802. Dies ist die zweite sehr bereicherte Ausgabe.

Avellino Italiae veteris numismata, Neapoli 1808, Vol. I. Dazu gehört: Supplementum ad Vol. I, Neapoli 1814.

Avellino Giornale numismatico, Napoli 1811, 1812. Sechs Hefte, deren letztes den Anfang des Vol. II der Italiae veteris numismata bildet. Mehr ist von beiden Büchern nicht erschienen.

Avellino Opuscoli diversi, drei Theile, Napoli 1826 bis 1836.

Millingen Récueil de médailles grecques, Rome 1812.

Millingen Ancient coins of greek cities and kings, London 1831.

Millingen Sylloge of ancient unedited coins, London 1837.

Millingen Considérations sur la numismatique de l'ancienne Italie, Florence 1841. Dazu gehört: Supplément aux considérations, Florence 1844.

Fiorelli Osservazioni sopra monete rare, Napoli 1843.

Fiorelli Monete inedite dell' Italia antica, Napoli 1845.

Fiorelli Annali di numismatica, Roma 1846, Heft I und II. In diesen Heften habe ich während meines Aufenthalts in Italien mehrere der für die Königliche Sammlung erworbenen unedirten Münzen publicirt.

Die 200 Kupfertafeln welche der Napolitaner Carelli hat stechen lassen und welche, jetzt im Besitz des Herrn Dr. Braun zu Rom, bald veröffentlicht werden sollen, haben wir auch benutzt. Da jedoch diese Abbildungen nicht sämmtlich nach vorliegenden Originalen gestochen und die anderweitigen Quellen nicht angegeben sind, so darf man sich ihrer nur mit Vorsicht bedienen. Ein Theil der dort gestochenen Münzen ist jedoch in folgendem Werke beschrieben:

Francisci Carellii nummorum veterum Italiae quos ipse collegit descriptio, Neapoli 1812.

Dazu hat Avellino Berichtigungen in einem Hefte gegeben dessen Titel lautet:

In Francisci Carellii nummorum veterum Italiae descriptionem adnotationes scripsit Fr. Mar. Avellinius, Neapoli 1834.

Einzelne Aufsätze und Bemerkungen über oskische Münzen finden sich in den Schriften des Archäologischen Instituts zu Rom, mehrere in den sechs Bänden des Bullettino Archeologico, welches Avellino zu Neapel herausgab, und welches, ebenso wie Fiorelli's Annali, jetzt zu erscheinen aufgehört hat.

Die fleissigen Aufsätze von Grotefend in Grote's Blättern für Münzkunde entbehren jeder Grundlage und sind bei dem jetzigen Stande der Kenntniss des Oskischen nicht mehr brauchbar. Auch das Werk von Lepsius Inscriptiones Umbricae et Oscae konnten wir für unseren Zweck nicht benutzen, da der Verfasser viele Münzen nicht kannte, eine grosse Anzahl anderer ohne genügende Gründe für falsch erklärt, und da seine Abbildungen nicht ganz treu und charakteristisch sind. Dies könnten wir leicht mit Beispielen belegen.

Bei der Zusammenstellung der oskischen Münzen würde die hergebrachte geograph sche Reihenfolge unpassend sein, da die Prägstätten in den verschiedenen Provinzen zum Theil vereinzelt liegen. Wir haben die Münzen der besseren Uebersicht wegen mit Rücksicht auf die Sprachverschiedenheiten in geographische Gruppen gestellt. Die oskischen Münzen Campanien's theilen sich ihren Aufschriften nach in Binnen- und Küstenländische.

I. Campania mediterranea hat Münzen mit rein oskischer Sprache und Schrift. Die Städte, von Norden nach Süden, sind:

1. Teanum Sidicinum mit oskischen Silber- und Kupfermünzen, und einer späteren lateinischen Kupfermünze.
2. Compulteria mit oskischen Kupfermünzen.
3. Telesia, zwar sonst zu Samnium gerechnet aber nach ihrer Lage in der Ebene und nach den Münztypen zu Campanien gehörig, hat eine oskische Knpfermünze.
4. Capua mit einer oskischen Silber- und vielen Kupfermünzen. Ihre anderen Gold- und Silbermünzen haben die Aufschrift Roma.
5. Atella mit oskischen Kupfermünzen. Daran schliessen sich einige den Typen nach verwandte Kupfermünzen der noch räthselhaften Prägstätte Velecha, mit griechischer Aufschrift in welcher jedoch ein wahrscheinlich oskischer Buchstab erscheint.
6. Calatia mit oskischen Kupfermünzen.
7. Nuceria Alfaterna mit mehreren oskischen Silber- und Kupfermünzen.

Dann folgen einige Münzen von Aesernia mit oskisirten Aufschriften in lateinischer Schrift.

II. Campania maritima. Die griechische Cultur der Colonien um Cumae und Neapolis zeigt ihren Einfluss auf die Münzen der benachbarten oskischen Städte darin, dass die griechischen Typen nachgeahmt wurden, und dass theils die oskischen Aufschriften mit griechischen Buchstaben geschrieben sind, theils griechische und oskische Aufschrift auf einer Münze steht. Einige Münzen haben aber auch rein oskische Aufschrift. Alle diese Münzen sind silberne.

1. Allifae, wahrscheinlich nahe bei Cumae gelegen wohin die Typen weisen. Die Aufschriften sind oskisch oder griechisch oder gemischt.
2. Phistelia, '*fistlus*', Puteoli, ebenfalls Cumae benachbart, mit rein oskischer und zweisprachiger (oskischer und griechischer) Aufschrift.
3. Campani, wahrscheinlich eine Colonie samnitischer Campaner deren Sitz nicht zu

bestimmen ist. Die Aufschriften sind theils oskisch in griechischer Schrift, theils oskisirt-griechisch, theils rein oskisch.

4. Uria, in der Nähe von Nola, vielleicht Nola selbst. Die Münzen haben selten rein griechische, selten rein oskische, meist Aufschriften in welchen oskische und griechische Buchstaben gemischt sind.

III. Frentani und Nord-Apulia. Die Münzen dieser Gegend, meist von Kupfer, haben theils oskische theils griechische Aufschriften. Auf die letzteren folgen in einigen Städten andere wie es scheint oskisch-lateinische Aufschriften.

1. Frentrum, rein oskische Kupfermünzen.
2. Larinum, zuerst eine griechische Kupfermünze, dann eine Reihe von Kupfermünzen, deren Aufschriften oskisch in lateinischer Schrift sein möchten, die aber möglicherweise lateinisch sind.
3. Teate, eine oskische Kupfermünze, dann einige Silber- und viele Kupfermünzen mit einer Aufschrift deren Sprache nicht sicher zu ermitteln ist, vielleicht ist es ebenfalls lateinisch geschriebenes oskisch.
4. Aquilonia, eine oskische Kupfermünze.
5. Asculum, zuerst eine Kupfermünze mit abgekürzter griechisch geschriebener Aufschrift in der jedoch eine oskische Wortbildung erscheint, so dass wir hier eine oskische griechisch-geschriebene Aufschrift haben.

IV. Italia inferior und Sicilia. Die wenig zahlreichen oskischen Münzen Süditaliens haben alle griechische Schrift.

1. Lucani. Ihre Kupfermünzen haben theils oskische Sprache in griechischer Schrift theils sind sie ganz griechisch. Auch einige Magistrats-Namen auf Münzen der lucanischen Stadt Laos zeigen Spuren oskischer Sprache.
2. Mamertini. Unter zahlreichen griechischen Kupfermünzen ist eine einzige oskische griechisch geschriebene.
3. Vibo-Hipponium. Die abgekürzte Aufschrift einiger Kupfermünzen ist wahrscheinlich oskisch in griechischer Schrift. Andere Münzen haben andere griechische Aufschrift.

Dann folgen einige noch nicht zu bestimmende Münzen.

1. Eine kupferne mit oskischen Aufschriften von denen nur '*makdüs*' lesbar ist.
2. Einige Silbermünzen deren Aufschrift noch zwischen '*freternum*' und '*fensernu*' schwankt.
3. Eine Kupfermünze mit der Aufschrift MALIEΣ.

V. Die Münzen des Socialkriegs, oskische und lateinische.

Die oskischen Aufschriften der Münzen sind, wie auch alle oskischen Steinschriften, rückläufig geschrieben; rechtläufig sind allein die drei Aufschriften '*fistlus*', '*alifa*', '*kala*'. Auch haben einige Münzen von Teanum das zweite Wort der Aufschrift rechtläufig auf der Kehrseite, während das erste auf der Vorderseite rückläufig steht.

Die Stadtnamen sind auf den oskischen Münzen in viel mannichfaltigerer Art angegeben als auf griechischen Münzen. Die gewöhnliche immer wiederkehrende Form der Stadtbezeichnung auf griechischen Münzen ist der Genitiv Pluralis des Gentilnamens; selten ist der Genitiv des Stadtnamens (ΑΜΙΣΟΥ); eben so selten der Nominativ des Adjectivums im Masculinum oder Neutrum (ΚΑΥΛΟΝΙΑΤΑΣ, ΑΡΚΑΔΙΚΟΝ); am seltensten ist der Nominativ des Stadtnamens (ΓΕΛΑΣ ΤΑΡΑΣ ΦΙΣΤΕΛΙΑ). Auf den lateinischen Münzen ist dagegen der Nominativ des Stadtnamens gebräuchlich (ROMA VALENTIA), nur die unter griechischem Einfluss in Campanien geprägten Münzen haben Aufschriften wie ROMANO oder ROMANOM, CAIATINO und so weiter, welches eine ältere Form für Romanorum, Caiatinorum, also der Genitiv Pluralis des Gentilnamens, nach griechischer Weise, ist. Die oskischen Münzen dagegen haben entweder den Stadtnamen abgekürzt, oder im Nominativ, oder im Locativ, oder im Ablativ, oder endlich sie haben nach griechischer Weise den Genitiv Pluralis des Gentilnamens.

Wir stellen hier die sämmtlichen oskischen Münzaufschriften nach diesen Formverschiedenheiten zusammen.

1. Abgekürzte: '*telis*', '*kapv*', '*aderl*' und '*ade*', '*kalati*' '*kalat*' '*kala*, TIATI, AVꟻVΣΚΛΙ, ΕΕΙ.

'*Kalati*' und TIATI sind vielleicht abgekürzte Genitivi Pluralis des Gentilnamens für '*kalatium*' oder '*kalatim*' und TIATIVM oder TIATIM; TIATI ist mit griechischen oder eher lateinischen Buchstaben, was hier nicht zu unterscheiden ist, geschrieben, AVꟻVΣΚΛΙ steht vielleicht für AVꟻVΣΚΛΙΝΟΜ oder AVꟻVΣΚΛΙΝΟΥΜ. '*fistel*...' ist nur zufällig auf dem Unicum der Königlichen Sammlung nicht vollständig lesbar.

2. Für den Nominativ des Stadtnamens giebt es nur ein Beispiel. Auf der ältesten oskischen Münze steht '*fistlus*', der Nominativ Pluralis der zweiten Declination. Ueber '*vitelìú*' werden wir gleich sprechen.

3. Der Locativ der zweiten Declination findet sich in '*frentrei*' und in dem lateinisch geschriebenen ꟼADINEI. Dies könnte auch ein lateinischer Genitiv, ei statt i, sein, doch ist es unwahrscheinlich da auf lateinischen Münzen der Stadtname immer im Nominativ steht. Statt des Locativs wird aber häufiger

4. der Ablativ gesetzt. '*akudunniad*' ist der Ablativ Singularis der ersten, '*tianud*' und '*tianud sidikinud*' der der zweiten Declination. Im Oskischen wird also zur Ortsbezeichnung der Ablativ auch bei Stadtnamen gesetzt welche im Singularis der ersten und zweiten Declination flectiren, wo im Lateinischen der Genitiv steht. So steht auch auf einer Steinschrift (Mommsen Süditalische Dialecte S. 203) '*búvaianúd*' das ist Boviano, wo im Lateinischen Boviani stehen müsste. ꟼADINOD ist vielleicht

ein latinisirter oskischer Ablativ Singularis der zweiten Declination (OD für '*úd*'), es kann aber auch die altlateinische Form des Ablativs sein, wie BENVENTOD.

Ein Ablativ Pluralis der zweiten Declination ist '*fistluis*' und '*fistlúis*'. Daneben steht zuweilen der griechische Stadtname im Nominativ, weil die Griechen um die Ortsbezeichnung '*fistlúis*' wiederzugeben keine andere Form als den Nominativ ihres Stadtnamens anwenden konnten. '*fistel...*' ist wahrscheinlich '*fistelúis*' zu ergänzen.

5. Genitivi Pluralis des Gentilnamens der zweiten Declination sind: '*nuvkrinum alafaternum*', '*kupelternum*', ΛΟΥΚΑΝΟΜ, ΜΑΜΕΡΤΙΝΟΥΜ, ΚΑΜΠΑΝΟΜ und ΚΑΠΠΑΝΟΜ (wenn man so lesen will); vielleicht auch die noch zweifelhafte Aufschrift '*freternum*' oder '*fensernu*', und die auch nicht ganz gesicherte ꓞADINOM. Genitivi Pluralis der dritten: '*tiiatium*', '*safinim*'.

Ein Genitiv ist auch AISERNIM und vielleicht AISERNIO, beides, wie Mommsen vermuthet, Abkürzungen für AISERNIVM. Diese letztere Form, welche unter Aesernia anzuführen gewesen wäre, will Riccio (Annali dell' instituto XVIII Seite 119) auf einem Exemplar gelesen haben. Auf anderen Münzen steht statt des gewöhnlichen AISERNINO auch AISERNINOM (Avellino Opuscoli II Seite 159), dies ist ein lateinischer Genitiv Pluralis und führt zu dem Gentilnamen Aesernini nach der zweiten Declination.

Das noch nicht erklärte Wort '*degvinum*' auf einer Münze von Nuceria kann auch ein Genitiv Pluralis der zweiten Declination sein.

Ausser den Stadtbezeichnungen kommen noch folgende Worte auf oskischen Münzen vor. '*vitelíú*', auf Münzen des Socialkriegs neben dem Kopf der Italia und in Bezug auf ihn, ist der Nominativ Singularis der ersten Declination. Auf anderen oskischen Münzen des Socialkriegs finden sich Magistratsnamen: '*ni. lúvkl. mr*', '*lúvkl*' ist abgekürzt. '*mi. ieíls. mi*' ist der Nominativ Singularis der zweiten. In '*g. paapi. g. mutil.* (oder *mutil.*) *embratur.*' ist '*paapi*' abgekürzt; auf einer anderen Münze steht '*paapií*', dies ist der Nominativ der zweiten, abgekürzt statt '*paapiís*'. Einmal steht '*paapii*', hier ist gewiss der kleine Querstrich an dem letzten I nur zufällig fortgeblieben. Auch auf den römischen Familienmünzen, welche den Denaren der Bundesgenossen zum Vorbild dienten, stehen die Magistratsnamen stets im Nominativ; auch bei ihnen ist oft, ebenso wie bei '*g. paapi. g.*', die Endung fortgelassen, z. B. M. FOVRI. M. F., L. IVLI. BVRSIO; und wie bei '*g. paapií. g*'. das '*s*' abgefallen ist, so steht auch auf älteren lateinischen Inschriften die Endung io für ios, ius, z. B. L. CORNELIO. L. F. SCIPIO. AIDILES. COSOL. CESOR (Orelli 553). '*makdiís*' oder '*maakdiís*' auf einer nicht dem Socialkrieg angehörenden noch nicht zu bestimmenden Münze ist wohl auch ein Magistratsname im Nominativ wo zufällig am zweiten I der Querstrich fehlt. Ueberhaupt hinderte oft die Kleinheit der Buchstaben auf den Münzen diese Querstriche zu setzen. Die Aufschrift '*degvinum*' ist oben erwähnt, das zweite Wort derselben Aufschrift '*ra...anm..*' ist noch nicht zu erklären, '*..arasne..*' auf einer Münze von Nuceria eben so wenig. Die Zahlen auf den oskischen Münzen der Bundesgenossen sind nicht allein rückläufig geschrieben, sondern auch auf den Kopf gestellt, doch ist die letztere Schreibart nur bei dem Zeichen für 5 sichtbar, welches bald als V bald als Λ erscheint. Man wählte wohl die gestürzte Schreibung der Zahlen um sie von Wörtern zu unterscheiden.

Griechische Formen, zum Theil mit oskischen Buchstaben geschrieben, zum Theil mit einzelnen oskischen Buchstaben zwischen den griechischen sind: YDIETES YDIAΛΑΣ und die abgekürzten YDINAI und YDINA, deren letztere in mannichfacher Verschiedenheit oft mehrere oskische Buchstaben enthält, ja zuweilen ganz oskisch als '*urina*' geschrieben ist. (ΥΡΙΑΝΟΣ ist dagegen ganz griechisch). '*alifa*' ist ganz oskisch geschrieben, AꓲI§HA und AꓲꓲIBA mit gemischten Buchstaben. (ΑΛΛΕΙ rückläufig, und ΑΛΛΙΒΑΝΟΝ sind ganz griechisch).

Ob einige der Münzen unter lateinischer Schrift oskische Formen verbergen lässt sich nicht ganz ermitteln. Ein Beispiel dafür dass nationale Sprache in römischer Schrift geschrieben wurde geben die jüngeren der Iguvinischen Tafeln in welchen umbrische Sprache, ein anderes die Bantinische Tafel in welcher oskische Sprache mit lateinischen Buchstaben geschrieben ist. Es handelt sich hier um die Münzen der Nachbarstädte Larinum und Teate. Larinum hat zunächst eine griechische Münze, die übrigen Münzen haben Typenverwandtschaft mit den lateinischen Münzen von Luceria, es mag also mit den Typen auch das lateinische Alphabet angenommen worden sein. Die Römer nannten die Stadt immer Larinum, dass sie auf den Münzen Ladinum heisst spricht auch dafür dass die Aufschrift dieser Münzen unlateinisch ist. Die Aufschrift ꓲADINEI ist, wie wir schon gesagt haben, schwerlich eine lateinische Form da der Genitiv der Ortsbezeichnung auf lateinischen Münzen sonst nicht vorkommt. ꓲADINOM und ꓲADINOD können wie ROMANOM und BENVENTOD lateinisch sein aber auch oskisch, man hätte statt '*u*', weil man lateinisch schrieb, O gesetzt. Ihren Aufschriften nach würde man die Münzen von Larinum so ordnen: zuerst die griechische Nr. 1, dann Nr. 9 mit ꓲADINEI welche ein alterthümliches A und ein rundes E hat, dann Nr. 8, und endlich Nr. 2 bis 7 welche mit Werthkugeln bezeichnet sind.

Die Aufschrift TIATI auf den Münzen von Teate selbst lässt nicht erkennen welcher Sprache und Schrift sie angehört weil die Buchstaben sowohl lateinisch als griechisch sein können, doch stehen lateinische Buchstaben (ꓲ) als Beizeichen auf diesen Münzen, und es ist daher wahrscheinlich dass auch TIATI lateinisch geschrieben ist; da aber diese Form des Namens, Tiati statt Teate, unlateinisch ist und sich der oskischen Form '*tiiatium*' anschliesst, die Stadt auch rein oskische Münzen hat, so ist es wohl möglich dass TIATI eine abgekürzte oskische lateinisch geschriebene Aufschrift ist und für TIATIM oder TIATIVM steht, ebenso wie '*kalati*' für '*kalatim*' oder '*kalatium*' gesetzt ist.

Endlich sind die lateinisch geschriebenen Formen AISERNIM und AISERNIO vielleicht Abkürzungen für den oskischen Genitiv Pluralis der dritten AISERNIVM welcher angeblich auch vorkommt, während AISERNINO und AISERNINOM lateinische Formen sind.

Die oskische Schrift ist durch schrägstehende in Häkchen eingeschlossene Buchstaben ausgedrückt, z. B. '*kapv*', denn sie durch Letternsatz wiederzugeben war nicht möglich, und nicht nöthig da die Abbildungen die Aufschriften ganz getreu darstellen. Die oskischen Münzaufschriften stehen fast immer rückläufig, jede in Häkchen eingeschlossene Aufschrift ist daher als rückläufige zu nehmen, wenn nicht ausdrücklich „rechtläufig" beigesetzt ist. Bei dieser Uebertragung ist für Я '*d*', für ⊐ '*v*', für ᗡ '*r*', für 8 '*f*' gesetzt, für V̇ oder V '*ú*', für ⊣ '*í*'. Die Uebertragung der anderen oskischen Buchstaben ergiebt sich von selbst, da dieselben den lateinischen oder griechischen ähnlich sind und nur rückläufig stehen. ꓤ ist '*a*', > '*g*' (das C fehlt im oskischen und wird durch '*k*' ausgedrückt), I ist '*z*', B '*h*', Π '*p*'.

Die Grössenangabe bei den Beschreibungen (z. B. AR 5, Æ 3) bezieht sich auf den Mionnet'schen Maassstab. Die Beschreibungen und die Abbildungen haben stets gleiche Nummer. Abbildungen geben wir von allen oskischen Münzen welche uns zugänglich waren, leider fehlen einige der interessantesten namentlich aus der Santangelo'schen Sammlung. Die Abbildungen sind von Herrn Hugo Troschel, unter meiner steten Aufsicht, mit Eifer und Treue radirt. Da nicht bestimmte vorliegende Exemplare mit ihren zufälligen Mängeln abgebildet werden sollten, da es vielmehr darauf ankam eine vollständige Darstellung der Münzen zu geben, so ist wenn ein Original einen Theil des Typus oder der Aufschrift nicht deutlich zeigte, die Lücke nach anderen Exemplaren ausgefüllt worden; dass dies mit der grössten Sorgfalt und Wahrhaftigkeit geschehen ist versichere ich, wie ich überhaupt für die Abbildungen — soweit sie nicht ganz aus anderen Büchern entlehnt sind, was stets im Texte angegeben — einstehen kann.

I. Campania mediterranea.

1. Teanum Sidicinum.

Die Münzen von Teanum haben theils oskische theils lateinische Aufschrift. Die oskischen Münzen sind von Silber und von Bronze, die einzige lateinische ist von Bronze.

Die oskischen Aufschriften sind lange falsch gelesen und beschrieben worden, sie lauten '*tianud sidikinud*' oder bloss '*tianud*'. Das '*i*' in '*tianud*' hat den Querstrich öfter abwärts gerichtet als horizontal. Die Aufschrift steht im Ablativus singularis der zweiten Declination.

'*sidikinum*' statt '*sidikinud*' führen nur Sestini und Carelli an, aber wo es um sorgfältige Lesung sich handelt, können beide nicht als sichere Gewährsmänner gelten. Da nun '*sidikinud*' durch viele Münzen feststeht muss man '*sidikinum*' bezweifeln, obwohl es nicht gerade unmöglich wäre dass zu dem Stadtnamen im Ablativ singularis der Volksname im Genitiv Pluralis gesetzt wäre.

Die lateinischen Münzen haben einfach TIANO und die Typen: Pallaskopf und Hahn, welche auch auf Münzen mehrerer anderen campanischen Städte sich finden neben ebenfalls auf o endigenden lateinischen Aufschriften; so neben Suessano Caiatino und anderen. Diese Endung O ist wie OM eine abgekürzte Form des Genitivus Pluralis *orum* der zweiten Declination.

Oskische Münzen.

1) AR 5	'*tianud*' Jugendlicher Herkuleskopf rechtshin, mit dem Löwenfelle bedeckt, unter dem Halse eine kleine Keule.	Victoria, in der Rechten einen langen Stab haltend, fährt in einer Triga linkshin, im Abschnitt '*sidikinud*'.

Ausser einem Subaerat-Exemplare bei dem Münzhändler Mazzola zu Neapel, welches ich im Bullettino dell' instituto archeologico, 1847, Seite 96 zuerst beschrieben habe, befinden sich zwei silberne Exemplare in der Sammlung Santangelo. Einen Abdruck zu nehmen ward nicht erlaubt, daher ist es nicht möglich eine Abbildung zu geben. Die Aufschriften beider Seiten sind aber sicher so wie sie hier angegeben, und wie sie einige der folgenden Kupfermünzen auch zeigen; namentlich ist die Endung '*ud*' auf der Kehrseite beider Exemplare der Sammlung Santangelo ganz deutlich.

---

2) AR 5	Jugendlicher Herkuleskopf rechtshin, mit dem Löwenfelle bedeckt, unter dem Halse die Keule.	Victoria, in der Rechten einen langen Stab, fährt in einer Triga, linkshin, im Abschnitt '*tianud*'.

Königliche Sammlung.

Die Keule auf der Vorderseite fehlt sonst immer. Statt ihrer haben andere Exemplare kleine Beizeichen hinter dem Kopfe: Eule (Museo Borbonico Theil III Tafel XVI Nr. 4), Füllhorn (Avellino n. Ital. Seite 25 Nr. 2), Diota (Avellino Suppl. ad n. Ital. Seite 9 Nr. 15). Ein Exemplar in Carelli's Tafeln (in seinem Katalog Seite 13 Nr. 3 ist es als subaerat beschrieben) hat den Herkuleskopf linkshin, und dahinter ein Eichenblatt, welches jedoch Avellino, in seinen adnotationes zu Carelli's Katalog, ganz undeutlich fand. Mionnet I 125 261 beschreibt ein Exemplar des Lord Northwich mit einer Biga auf der Kehrseite, dies ist wahrscheinlich ein Irrthum. Ein Exemplar mit dem Herkuleskopf rechtshin, ohne Beizeichen, hat auf der Kehrseite im Abschnitt '*tia:nud*' (Dumersan Cabinet Allier de Hauteroche Tafel I Nr. 8).

---

3) Æ 4—5	'*tianud*' Lorbeerbekränzter Apollokopf rechtshin.	Stier mit menschlichem Antlitze rechtshin, über ihm eine Lyra, im Abschnitt '*sidikinud*'.

Königliche Sammlung.

Ein Exemplar mit dem linkshin gewendeten Kopf, und der rechtläufigen Aufschrift '*sidikin*' auf der Kehrseite ist bei Hunter Tafel 57 Nr. III abgebildet, und danach bei Mionnet S. I 256 399 beschrieben. Ein anderes auch mit dem Kopf linkshin und rechtläufiger Aufschrift der Kehrseite hat N zwischen den Beinen des Stieres, und die Lyra fehlt. (Carelli's Tafeln.) Das Exemplar bei Ignarra de Pal. Neap. Seite 267 mit der griechischen Aufschrift ΣΙΔΙΚΙΝ ist unglaubwürdig, es ist wohl die rechtläufige oskische Aufschrift der eben beschriebenen Exemplare. Sestini Descriptio Seite 14 giebt ein Exemplar der Schellersheim'schen Sammlung, auf dessen Kehrseite über dem Stier ein grosser Stern, und angeblich im Abschnitt '.....*kinum*'. Da die Endung '*ud*' auf mehreren Exemplaren feststeht können wir auf Sestini's Autorität allein nicht '*um*' annehmen. Höchst wahrscheinlich ist ein in Carelli's Tafeln abgebildetes Exemplar mit gleicher Aufschrift nur nach diesem Sestini'schen kopirt; Carelli besass die Münze nicht selber, dies geht daraus hervor dass sie in seinem Kataloge nicht verzeichnet ist.

---

4) Æ 3	'*tianud*' Merkurkopf mit dem flachen Hute rechtshin, um den Hals die vorn zugeknöpfte Chlamis, hinter dem Halse der Caduceus, im Felde ein grosser Stern.	Stier mit menschlichem Antlitze rechtshin, darüber ein grosser Stern, im Abschnitt '*sidikinud*'.

In der Sammlung des Principe di San Giorgio zu Neapel. Mionnet I 126 268 giebt eine unvollständige Beschreibung dieser sehr seltenen Münze.

Ein Exemplar, welches Avellino Opuscoli Theil II Seite 54 und Tafel 3 Nr. 12 publicirt, hat angeblich den Caduceus nicht. Ein Exemplar in Carelli's Tafeln, dem unseren sonst gleich, hat die Aufschrift der Kehrseite mit der Endung M statt '*d*', das M ist lateinisch und wird schon dadurch ganz zweifelhaft. Wahrscheinlich verführte ihn zu dieser falschen Lesung das Sestini'sche Exemplar unserer vorhergehenden Münze. In seinem Katalog Seite 13 Nr. 4 giebt er die drei '*í*' der Aufschrift der Kehrseite als *i*, dies ist gewiss irrig.

---

5) Æ 3	'*tianud*' Merkurkopf mit dem Petasus rechtshin, hinter ihm ein Stern.	Stier mit menschlichem Antlitze rechtshin, darüber ein Stern, im Abschnitt '*tianud*'.

Avellino Opuscoli Theil II Seite 54 Nr. 48 aus der Sammlung Zurlo. Diese Münze unterscheidet sich von der vorhergehenden nur dadurch dass sie auch auf der Kehrseite '*tianud*' hat. Hätte sie Avellino nicht als ganz sicher und deutlich beschrieben so könnte man vermuthen, die Aufschrift der Kehrseite sei verlesen und die Münze sei identisch mit der vorhergehenden. Doch bemerkt Avellino ganz richtig dass auf den Münzen des benachbarten Cales die Aufschrift auch oft auf beiden Seiten steht.

---

6) Æ 5 '*tianud*' Lorbeerbekränzter Apollokopf linkshin, dahinter O. | Stier mit menschlichem Antlitze rechtshin, bekränzt von einer Victoria.

Königliche Sammlung, früher in der Sammlung des Herrn von Pfau, es ist dasselbe Exemplar welches Eckhel in der Doctrina Theil I Seite 118 bespricht. Das N steht auf diesem Exemplar rechtläufig, sonst nicht. Ein anderes Exemplar der Königlichen Sammlung hat ein T, allein undeutlich, hinter dem Kopf der Vorderseite, und auf der K.S. ein Pentagramm zwischen den Beinen des Stiers. Andere haben auf der V.S. einen Blitzstrahl, auf der K.S. das Pentagramm; auf der V.S. O, auf der K.S. das Pentagramm; auf der V.S. O, auf der K.S. einen Stern. Das Pentagramm wird irrig oft als fünfstrahliger Stern beschrieben. Ein Exemplar, welches ich in der Münzsammlung der Universität zu Gent gesehen habe, hat auf der V.S. hinter dem Apollokopfe ein deutliches oskisches '*m*', auf der K.S. unter dem Leibe des Stiers das Pentagramm.

---

7) Æ 5 Lorbeerbekränzter Apollokopf linkshin, dahinter O. | '*tianud*' im Abschnitt, Stier mit menschlichem Antlitze rechtshin, bekränzt von einer Victoria. Zwischen den Füssen des Stiers Pentagramm.

Königliche Sammlung.

Diese Münze weicht von der vorhergehenden nur darin ab dass sie die Aufschrift auf der Kehrseite hat.

Ein Exemplar ohne das O auf der V.S. hat Mionnet S. I. 256 398.

Lateinische Münze.

8) Æ 5 Pallaskopf linkshin. | TIANO Hahn rechtshin, hinter ihm ein grosser Stern.

Königliche Sammlung.

Ein Exemplar auf welchem sich zwei Werthkugeln über dem Kopf der Pallas befinden sollen beschreibt Fröhlich animadv. ad num. quar. urb. Seite 67. Es bedarf durchaus der Bestätigung, da Werthkugeln bei diesen in Campanien oft wiederkehrenden Typen sonst nicht vorkommen; vielleicht waren die Werthkugeln Reste eines früheren Gepräges.

---

2. Compulteria.

Man hatte früher die oskische Aufschrift der Münzen dieser Stadt auf eine Conföderation von Cumae und Liternum bezogen, indem man statt '*kupelternum*': '*kumelternum*' las. Der verdienstvolle Schlichtegroll erklärte sie zuerst richtig in seinen Annalen der Numismatik Band II Heft I Seite 16. Die Lage der Stadt ist durch Ruinen und Steinschriften mit dem lateinischen Stadtnamen, welche sich an der Stelle selbst gefunden haben, genau bestimmt. Compulteria lag auf dem rechten Ufer des Volturnus, im Gebiet von Alvignano, da wo jetzt die aus den Ruinen erbaute Kirche San Ferrante steht, links vom Wege von Cajazzo nach Piedimonte d'Allife. Man vergleiche Pasquale de' Jorii sul sito di Combulteria, Napoli 1834.

Die oskische Aufschrift '*kupelternum*' ist der Genitiv Pluralis des Gentilnamens, der lateinische Name der Stadt ist bei Livius XXIV 20: Compulteria, die Einwohner nennt Plinius Hist. nat. III. 9: Cubulterini. Auf Inschriften findet sich cuPVLTERINIS (Muratori 1040, 1. nach dem allein glaubwürdigen Texte Melchiorri's); CVBVLTERINORVM (Murat. 1040, 2. nach der zuverlässigsten Lesart Antonini's); CVBVLTERIAE (Orelli 2418).

Bemerkenswerth ist das griechische ΙΣ, welches bis jetzt unerklärt auf vielen campanischen Münzen sich findet.

1) Æ 4	'*kupelternum*' Lorbeerbekränzter Apollokopf linkshin, dahinter O.	Stier mit menschlichem Antlitze rechtshin schreitend, über ihm schwebt eine Victoria welche ihn bekränzt, zwischen den Beinen des Stiers ΙΣ.

Von den sieben Exemplaren der Königlichen Sammlung haben drei auf der V.S. hinter dem Kopfe O, eins hat Γ oder Π, eins K, eins in der Sammlung des Herrn von Rauch hat Δ. Ein Exemplar mit I führt Avellino Suppl. ad Italiae numismata Seite 7 Nr. 4 an. Auf zwei Exemplaren der Königlichen Sammlung steht ΙΣ nicht.

---

2) Æ 4	Lorbeerbekränzter Apollokopf linkshin, ohne Aufschrift.	Stier mit menschlichem Antlitze rechtshin schreitend, über ihm schwebt eine Victoria welche ihn bekränzt, zwischen den Beinen des Stiers ΙΣ, im Abschnitt '..*peltern*..'.

Neumann Populorum et regum numi Theil I Seite 5 Tafel I Nr. 2, wo jedoch der erste sichtbare Buchstab irrig M statt Π angegeben ist, weil Neumann '*kumelternum*' ergänzte.

3. Telesia.

Unweit vom rechten Ufer des Calor, kurz vor dessen Vereinigung mit dem Volturnus gelegen. Die ursprüngliche oskische Stadt lag ziemlich hoch auf dem Abhange des Monte Pugliano, eines Zweiges des Monte Matese; einige Reste sogenannter cyklopischer Mauern haben sich erhalten. Von der römischen Colonie Telesia sind in der Ebene, weiter südlich, die mächtigen Stadtmauern mit ihren Thoren noch übrig, innerhalb des fast quadratischen Mauergürtels manche Reste von römischen Bauwerken, dicht vor dem einen Thore ein mässig grosses Amphitheater, und eine halbe Stunde entfernt die Gräberstadt, aus welcher Gefässe, Geräthe und Waffen noch immer zu Tage gefördert werden. Noch weiter südlich, fast am Calore selbst, lag die mittelalterliche Stadt Telesia, in deren malerischen Ruinen die zerstörte grosse Kathedrale mit dem an seiner Stelle erhaltenen Bischofstuhl den Mittelpunkt bildet. Diese Kirche war zum grossen Theil aus antiken Werkstücken und Grabsteinen erbaut, auf denen die Colonie Telesia öfter genannt ist. Das jetzige Städtchen heisst Casale di S. Salvadore di Telese, und liegt weiter nördlich, zwischen der oskischen und der römischen Stadt. Dort hat der Canonico Don Luigi Pacelli viele Alterthümer und Münzen der Gegend gesammelt. Telesia wird häufig von alten Geographen und Historikern erwähnt.

Das einzige Exemplar einer Münze von Telesia befindet sich in der Sammlung Santangelo zu Neapel. Fiorelli hat es in den Monete inedite dell' Italia antica Seite 20 beschrieben, doch hat er die oskische Aufschrift nicht ganz richtig angegeben. Wir haben die Münze selber in Händen gehabt, einen Abdruck zu nehmen ward nicht erlaubt; wir müssen bemerken dass der dritte Buchstab nicht ganz deutlich ist. Nach Aussage des Herrn Santangelo war ihm die Münze aus der Gegend von Telesia zugekommen.*)

Æ 5. Pallaskopf linkshin. | '*telis*' Hahn, rechtshin stehend.

Den Typen und der Fabrik nach gleicht die Münze den bekannten von Aquinum Caiatia Cales Suessa u. s. w. Aber sie ist die einzige unter allen Münzen mit diesen Typen welche nicht lateinische sondern oskische Aufschrift hat, was sich wohl daraus erklärt dass die Stadt bei ihrer entlegenen Situation am Fusse der Gebirge Samniums die vaterländische Sprache länger bewahrte als die Städte der campanischen Ebene.

*) Minervino Monte Volture n. 54 führt eine angebliche Münze von Telesia an, welche keiner Widerlegung bedarf.

4. Capua.

Capua, „quondam inter tres maximas numerata“, eine der reichsten Städte des Alterthums, von deren Pracht und Grösse noch jetzt ausgedehnte Ruinen bei Santa Maria zeugen, hat nicht viele und fast nur bronzene Münzen mit ihrem Namen in oskischer Schrift geprägt, während uns von kleineren Städten Campaniens wie Teanum Nuceria Cales viele oskische Silbermünzen übrig sind. Allein der grössere Theil aller der mit ROMA und ROMANO bezeichneten Kupfer- Silber- Electrum- und Goldmünzen von campanischer Fabrik ist ohne Zweifel in Capua geschlagen. Mehrere der Typen dieser Silber- und Goldmünzen finden sich auf Capuanischen Kupfermünzen wieder. So die Typen: Unbärtiger Januskopf, Jupiter mit der Quadriga auf unserer Nr. 2; der Typus des Bündnissschwurs, welchen Goldmünzen mit der Aufschrift ROMA haben, auf unserer Nr. 10; der Adler der kleinen Goldmünzen mit LX, XXXX, XX auf unserer Nr. 12. Es ist daher anzunehmen dass Capua seine Gold- und Silbermünzen nur mit der Aufschrift ROMA, seine Kupfermünzen dagegen mit dem Stadtnamen in der eigenen Sprache prägen durfte. Dies ward gewiss so festgesetzt als die Capuaner im Jahre 416 der Stadt das römische Bürgerrecht erhielten. Warum sie aber vorher nicht autonome Münzen von edlen Metallen geprägt haben bleibt unerklärt. Die alten seltenen Didrachmen mit der Aufschrift KAMΠANO und ähnlichen, von denen wir nachher sprechen, können wir Capua nicht zutheilen, und die oskischen Silbermünzen sind von so schöner Fabrik dass sie keinesfalls vor dem genannten Jahre geprägt sind, und in so geringer Anzahl erhalten, dass sie unmöglich das ganze Silbergeld der mächtigen Stadt ausgemacht haben können.

Wir sprechen hier nur von den oskischen Münzen Capua's mit Ausschluss aller lateinischen. Die oskischen Münzen sind im Allgemeinen ziemlich selten, die einzige silberne ist nur in wenigen Exemplaren bekannt. Die Kupfermünzen haben wir so geordnet: zuerst sechs Stücke, Nr. 2 bis 7, welche eine Reihe bilden; sie besteht aus einer grossen Münze ohne Werthbezeichnung, wahrscheinlich einem Dextans, dann aus Quincunx Triens Quadrans Sextans Uncia. Diese sechs Stücke haben Götterköpfe auf der Vorderseite, meistens Thierdarstellungen auf der Kehrseite, der Werth ist auf fünf Stücken durch Kugeln bezeichnet, nicht durch Sterne welche auf den meisten anderen Capuanischen Münzen sich finden, auch sind sie alle von gleichem Stil und etwas flachem Gepräge; darum glauben wir dass sie eine Reihe bilden. Die Münzen Nr. 8 bis 11 betrachten wir als zusammen gehörig weil die Münzreihe von Atella ähnliche Typen der Kehrseite hat. Die Typen der grossen Münze Nr. 8 hat ähnlich der Triens von Atella, Nr. 10 und 11 stimmen genau mit dem Sextans und der Unze von Atella. Der Quadrans und der Sextans von Capua Nr. 9 und Nr. 10 haben gleiche Typen. Auf geprägten Münzen ist zwar solche Typengleichheit verschiedener Astheile nicht gewöhnlich, aber sie findet sich auch bei dem Sextans und der Unze Nr. 16 und 17 von Capua. Daniele (Numismatica Capuana) hat versucht die Münzen von Capua dem Gewichte nach in Reihen zu stellen. Allein das Gewicht entscheidet bekanntlich bei Kupfermünzen sehr wenig, oft haben auch hier Sextans und Unze derselben Reihe fast gleiche Schwere. Nr. 18 bis 26, kleine Münzen ohne Werthzeichen, sind gewiss als Semuncien und andere Theile der Uncia zu den grösseren Stücken gehörig, doch lassen sie sich den einzelnen nicht mit Sicherheit anreihen, sie sind daher zusammen an's Ende gestellt. Auf mehreren von ihnen, Nr. 22 23 24 und zuweilen auf Nr. 20 kommt das auf unserer Tafel treu abgebildete Beizeichen vor, es wird als ara luculenta oder als Dreifuss bezeichnet, vielleicht ist es ein Dreizack.

Die Sextanten nnd Uncien sind an Zahl überwiegend, es scheint dass man die grösseren Astheile später nicht mehr ausgeprägt hat, da ihr Werth durch die lateinischen Silbermünzen repräsentirt ward.

Es ist hier noch zu erwähnen dass man in Italien die folgenden Münzen zuweilen Capua zutheilt.

Æ 3—4	Jugendlicher Epheubekränzter Kopf rechtshin.	Löwe rechtshin schreitend, mit dem linken Vorderfusse einen Stab, zuweilen auch einen Thyrsus haltend, welcher auf der Schulter ruht. Im Abschnitt CAP.

Die Königliche Sammlung besitzt ein Exemplar mit deutlicher Aufschrift CAΠ, ein anderes jedoch hat eben so deutlich CAI und das I war hier gewiss nicht die erste Hasta eines Π. Eine Reihe von anderen Exemplaren der Königlichen Sammlung hat keine Aufschrift, eins hat eine Aehre im Abschnitt. Ich habe mehrere dieser Stücke in Campanien gekauft wo sie nicht ganz selten sind, es ist daher immer möglich dass die mit CAΠ Capua, die mit CAI Caiatia angehören, obwohl die Fabrik viel roher ist als die aller anderen campanischen Münzen.

---

1) AR 5	Lorbeerbekränzter Jupiterkopf rechtshin.	'*kapv*' Adler auf einem Blitze stehend, rechtshin.

Daniele Numismatica Capuana Seite XVII erwähnt schon ein Exemplar dieser Silbermünze aus der Sammlung des Herzogs von Noja. Das auf unserer Tafel abgebildete gehörte früher dem Principe di San Giorgio, welcher es in den Monumenti inediti, Napoli 1820, Seite 111 Tafel 8 Nr. 5 zuerst bekannt machte. Dann überliess er es dem Herzog von Luynes, welcher es in den Annali dell' Instituto Theil XIII 1841 Seite 131 und Monumenti Theil III Tafel 35 Nr. 2 noch einmal publicirte. Danach ist unsere Abbildung wiederholt. Zwei Exemplare befinden sich in der Sammlung Santangelo; eins von mittelmässiger Erhaltung im Museo Borbonico ist wahrscheinlich das obenerwähnte des Duca di Noja, dessen reiche Sammlung in das Museo Borbonico übergegangen ist.

---

2) Æ 11	Jugendlicher Lorbeerbekränzter Januskopf.	Jupiter, den Blitz in der erhobenen Rechten, das Scepter in der Linken, auf einer Quadriga, rechtshin, im Abschnitt '*kapv*'.

Micali Italia antichissima Tafel LIX Nr. 14. In den Carelli'schen Tafeln ist diese Münze nach Micali kopirt, wie auf beiden Abbildungen übereinstimmende Zufälligkeiten beweisen. Carelli's Abbildungen sind überhaupt nicht treu, besonders nicht im Stil, hier aber steht auf seiner Abbildung hinter dem Jupiter noch eine kleine die Rosse lenkende Victoria. Ob diese Figur von Micali übersehen oder, was viel wahrscheinlicher, von Carelli zugesetzt worden nach Analogie der Nr. 1 von Atella, wissen wir nicht. Micali's Exemplar ging in die Sammlung Zurlo über, wie Avellino Opuscoli Theil II Seite 33 sagt; dort beschreibt Avellino die Münze, von der kleinen Victoria sagt er nichts. Ein anderes Exemplar soll früher Herr Vetta in Capua besessen haben. Diese Münze ist deswegen besonders wichtig weil sie beiderseits dieselben Typen hat als die bekannten Silber- und Electrum-Münzen mit der, oft vertieften, Aufschrift ROMA. (Diese Silbermünzen haben aber die eben besprochene kleine Victoria hinter dem Jupiter). Diese Uebereinstimmung in den Typen macht es im höchsten Grade wahrscheinlich dass alle jene Silber- und Electrum-Münzen in Capua geprägt sind.

---

3) Æ 9	Pallaskopf rechtshin, der Helm hat ausser dem grossen Busch noch zwei kleinere seitliche, von denen der rechte sichtbar ist.	Pegasus rechtshin fliegend, darunter '*kapv*', und fünf Werthkugeln. Quincunx.

Unsere Abbildung ist nach einem Exemplar der Sammlung des Museo Borbonico zu Neapel gezeichnet, und berichtigt die in dem Museo Borbonico Theil II Tafel XVI Nr. 19 gegebene. Die Abbildung bei Daniele Numismatica Capuana ist untreu. Auch das Exemplar bei Eckhel Numi anecdoti Seite 19 Tafel II Nr. 4, und danach Avellino numismata Italiae Seite 28 Nr. 13, mit d r e i Werthkugeln war unvollkommen, wie Eckhels Abbildung zeigt.

---

4) Æ 9	Lorbeerbekränzter Jupiterkopf rechtshin, darüber vier Werthkugeln.	Geflügelter Blitz, darunter '*kapv*', darüber vier Werthkugeln. Triens.

Nach einem sehr schönen Exemplar, welches sich 1846 im Kunsthandel zu Neadel fand, ist unsere Abbildung gezeichnet.

---

5) Æ 8	Aehrenbekränzter Kopf der Ceres rechtshin.	Stier rechtshin stehend, darüber drei Werthkugeln, im Abschnitt '*kapv*'. Quadrans.

Daniele Numismatica Capuana Seite IX. Ein Exemplar bei Avellino Suppl. ad Italiae numismata Seite 9 Nr. 35, und danach bei Mionnet S. I 235 244, mit zwei Werthkugeln auf der Kehrseite halten wir für zweifelhaft, wahrscheinlich fehlte die dritte Werthkugel nur zufällig.

---

6) Æ 6	Jugendlicher Herkuleskopf rechtshin, das Haupt von einem Bande umgeben, hinter dem Halse die Keule.	Löwe rechtshin schreitend, er hält einen Spiess, welcher auf der linken Schulter ruht, mit dem linken Vorderfusse; darüber zwei Werthkugeln, im Abschnitt '*kapv*'. Sextans.

Zwei Exemplare in der Königlichen Sammlung. Mionnet I 113 130 beschreibt: Löwe einen Spiess im Rachen haltend. Unsere Exemplare zeigen den Löwen deutlich wie wir oben angegeben.

---

7) Æ 5	Dianakopf rechtshin, das Haupt umgiebt ein Diadem mit kleinen Strahlen, an der Schulter Bogen und Köcher.	Eber rechtshin laufend, darüber eine Werthkugel, im Abschnitt '*kapv*'. Uncia.

In der Königlichen Sammlung. Statt der Kugel ein Stern, Daniele Num. Cap. Seite 14; statt der Kugel ein Kreis, Combe Museum Britannicum Tafel II Nr. 13.

---

8) Æ 11	Die sich deckenden Köpfe der Juno und des Jupiter, rechtshin, Juno trägt ein Diadem, Jupiter ist Lorbeerbekränzt, hinter ihnen das Scepter.	Jupiter, in der Rechten den Blitz, in der Linken das Scepter, fährt in einer Quadriga rechtshin. Im Abschnitt '*kapv*'.

Daniele Numismatica Capuana Seite 43, danach Mionnet S. I 234 240. Ein Exemplar des Lord Northwich, Mionnet I 112 123, hat das Scepter nicht.

---

9)	Æ 6	Lorbeerbekränzter Jupiterkopf rechtshin, dahinter drei Sterne.	Zwei Krieger einander gegenüberstehend halten in der Rechten jeder ein Schwerdt aufwärts gerichtet, mit den linken Händen halten sie zusammen ein Schwein, im Felde drei Sterne, im Abschnitt '*kapv*'. Quadrans.

Avellino Opuscoli Theil II Seite 37 Nr. 29 Tafel III 1. Dieser Quadrans hat dieselben Typen als der folgende Sextans; bei dem Sextans und der Uncia Nr. 16 und 17 findet auch Gleichheit der Typen statt.

---

10)	Æ 6	Derselbe Typus, aber zwei Sterne.	Derselbe Typus, aber zwei Sterne. Sextans.

Combe Museum Britannicum Tafel II Nr. 9, Avellino Opuscoli Theil II Seite 38 Nr. 30. Der Typus der Kehrseite beider Münzen kommt ebenso auf Münzen von Atella vor. Beiderlei Münzen deuten vielleicht auf eine Conföderation der beiden Städte, die auch sonst gemeinsame Münztypen haben.

---

11)	Æ 5	Lorbeerbekränzter Jupiterkopf rechtshin, wie auf Nr. 10, aber dahinter ein Stern.	Victoria rechtshin stehend und eine Trophäe bekränzend, daneben ein Stern, im Abschnitt '*kapv*'. Uncia.

Vier Exemplare in der Königlichen Sammlung. Andere Exemplare haben angeblich eine Kugel statt des Sterns. Der Stern der Kehrseite wird irrig als cancer marinus beschrieben im Museum Sanclemente I Seite 206, und danach bei Avellino Numismata Italiae Seite 98 Nr. 33.

---

12)	Æ 10	Lorbeerbekränzter Jupiterkopf rechtshin.	Adler mit ausgebreiteten Flügeln rechtshin auf einem Blitze stehend, darunter '*kapv*'.

Königliche Sammlung. Mionnet S. I 234 241. Ein anderes Exemplar der Pariser Sammlung, welches uns in einer Schwefelpaste vorliegt, hat die Grösse 6.

---

13)	Æ 6	Lorbeerbekränzter Jupiterkopf rechtshin, dahinter zwei Sterne.	Adler rechtshin, den Kopf zurück wendend, auf einem Blitze stehend, darunter '*kapv*', im Felde zwei Sterne. Sextans.

Hunter Tafel 14 Nr. XV. Avellino numismata Italiae Seite 28 Nr. 8. Ein Exemplar in Eckhel Museum Caes. Theil I Seite 17 hat einen Halbmond im Felde der Kehrseite. Auf einem Exemplare bei Daniele Numismatica Capuana fehlt einer der Sterne der Kehrseite, wahrscheinlich nur zufällig, wir führen es daher nicht als Uncia an.

---

14) Æ 6½–6	Lorbeerbekränzter Jupiterkopf rechtshin, dahinter zwei Sterne.	Diana, den Halbmond auf dem Haupte, in einer Biga, darüber zwei Sterne, im Abschnitt '*kapv*'. Sextans.

Vier Exemplare in der Königlichen Sammlung. Diana ist nicht selten auf den Münzen von Capua, sie hatte auf dem Berge Tifata unweit der Stadt ein berühmtes Heiligthum.

---

15) Æ 6	Pallaskopf rechtshin, dahinter ein Stern.	Victoria linkshin stehend, in der Rechten einen Kranz haltend, im Felde ein Stern, unten '*kapv*'. Uncia.

Daniele Num. Cap. Seite 10; Combe Museum Britannicum Tafel II Nr. 12.

---

16) Æ 7	Weiblicher Kopf rechtshin mit Ohrring, Halsband und einer Zinnenkrone, dahinter ein unerkennbares Beizeichen, zwei Sterne im Felde.	Behelmter Reiter, mit Harnisch und Mantel und eingelegter Lanze, rechtshin sprengend, unter dem Pferde eine Schnecke, im Felde zwei Sterne, im Abschnitt '*kapv*'. Sextans.

Abgebildet in den Carelli'schen Tafeln, beschrieben bei Avellino Numismata Italiae Seite 28 Nr. 7. Eckhel numi anecdoti Seite 19 Tafel II Nr. 5 (danach Mionnet S. I 235 246) hielt das Beizeichen der Vorderseite für einen Bogen. Ein Exemplar (Mionnet I 113 129) hat statt dieses Beizeichens eine Muschel auch auf der Vorderseite. Auch wird angegeben, die Zinnenkrone sei mit einem Blitze geziert, wie sie auf der folgenden Münze wirklich ist. Die Zinnenkrone ist sicher, wenn statt deren ein Eichenkranz beschrieben wird, so ist das wohl irrig.

Ein ähnlicher Kopf mit einer Zinnenkrone kommt auf einer der bekannten mit ROMA bezeichneten campanischen Kupfermünzen vor, auf deren Kehrseite ebenfalls ein Reiter, jedoch unbewaffnet, dargestellt ist, siehe Mionnet S. I 258 411.

---

17) Æ 6	Weiblicher Kopf mit Ohrring Halsband und einer Zinnenkrone die mit einem Blitze geziert ist, dahinter ein unerkennbares Beizeichen, unten ein Stern.	Behelmter Reiter mit Harnisch und Mantel und eingelegter Lanze, rechtshin sprengend, unter dem Pferde eine Schnecke, im Felde ein Stern, im Abschnitt '*kapv*'. Uncia.

Königliche Sammlung und Museo Borbonico.

---

18) Æ 3	Jugendlicher Herkuleskopf rechtshin, um das Haupt ein Band, am Halse die Keule.	Cerberus rechtshin, im Abschnitt '*kapv*'.

Im Museo Borbonico Theil II Tafel XVI Nr. 17 abgebildet. Unsere Abbildung ist nach dem Abdruck desselben Exemplars gezeichnet, welches, soviel wir wissen, das einzige bekannte ist.

---

19) Æ 2	Unbärtiger Herkuleskopf rechtshin, hinter dem Halse die Keule. Ob der Kopf auch hier von dem Bande umgeben ist, lässt sich nicht erkennen.	Reh den Telephus säugend, im Abschnitt '*kapv*'.

Im Münzhandel zu Neapel sahen wir diese Münze, unsere Abbildung ist nach einem Stanniolabdruck desselben Exemplars gemacht.

---

20) Æ 2	Jugendlicher Kopf mit einer Thierhaut bedeckt; rechtshin.	Reh den Telephus säugend, im Abschnitt '*kapv*'.

Königliche Sammlung. Mionnet S. I 236 259.

Ein Exemplar bei dem Principe di San Giorgio zu Neapel hat über dem Reh das einem Dreifusse ähnliche Beizeichen, welches auf Nr. 22 23 24 abgebildet ist.

Auf der vorhergehenden Münze ist einerseits Herkules andererseits Telephus dargestellt, Vater und Sohn; auf dieser Münze darf man in dem Kopf der Vorderseite wohl Telephus selbst erkennen. Man sehe Avellino Bullettino Napoletano Theil I Seite 11 und Seite 138 Anmerkung 4.

---

21) Æ 2	Behelmter jugendlicher Kopf rechtshin.	Trophäe, im Abschnitt '*kapv*'.

Daniele Numismatica Capuana Seite 61. Daniele hält den Kopf für den eines Helden, der Helm ist in seiner Abbildung undeutlich, man kann darin vielleicht eine Thierhaut oder eine phrygische Mütze erkennen ähnlich wie auf Nr. 20. Ein anderes Exemplar als das von Daniele beschriebene und abgebildete ist nicht bekannt, die ganze Beschreibung bedarf also wohl der Bestätigung.

---

22) Æ 4	Junokopf mit Stirnband rechtshin, an der Schulter ein Scepter.	'*kapv*' Zwei Pyramidenförmige Idole, verdeckt und verschleiert, über ihren Spitzen schwebt ein anderer Schleier, links im Felde das einem Dreifusse ähnliche Beizeichen.

Sammlung des Principe di San Giorgio. Auf anderen Exemplaren fehlt das Beizeichen der Kehrseite, (Avellino numismata Italiae Seite 29 Nr. 21 nach Hunter). Eine Erklärung des Typus der Kehrseite versucht Münter in den antiquarischen Abhandlungen Seite 207.

---

23) Æ $2\frac{1}{2}$	Junokopf mit Diadem rechtshin, an der Schulter das Scepter, wie auf Nr. 22.	Geflügelter Blitz, darunter '*kapv*', darüber das einem Dreifusse ähnliche Beizeichen.

Nach einem Exemplar bei dem Münzhändler Mazzola gezeichnet; auch bei Millingen Sylloge Seite 9 Tafel III Nr. 3 abgebildet.

---

24) Æ $3\frac{1}{2}$—3	Junokopf rechtshin mit Stirnband und Schleier, an der Schulter ein Scepter.	Aehre mit zwei Blättchen, daneben das einem Dreifuss ähnliche Beizeichen, und die Aufschrift '*kapv*'.

Königliche Sammlung. Mionnet I 113 133. Ein unvollständiges Exemplar beschreibt Avellino numismata Italiae Seite 29 Nr. 30 nach Eckhels Katalog des Museum Caes. Die bei Avellino folgende Münze Nr. 31 gehört wohl nicht nach Capua.

---

25) Æ $3\frac{1}{2}$	Lorbeerbekränzter Apollokopf rechtshin.	Leier mit einer herabhangenden Tänia, daneben '*kapv*'.

Drei Exemplare in der Königlichen Sammlung. Die Aufschrift steht bald zur Rechten bald zur Linken der Leier. Die Tänia an der Leier fehlt auf einem Exemplare bei Daniele Num. Cap. Seite XX. Ein Exemplar welches Sestini Lettere V Seite 34 Tafel II Nr. 15 publicirt hat, und welches Mionnet S. I 235 248 danach wiederholt, hat angeblich einen lorbeerbekränzten Dianakopf, mit Köcher und Bogen an der Schulter. Nach Sestini's Abbildung scheint die Münze nicht ganz erhalten gewesen zu sein, es war wohl die oben beschriebene.

---

26) Æ 2	Pallaskopf rechtshin.	Elefant rechtshin, im Abschnitt '*kapv*'.

In der Sammlung des Principe di San Giorgio. Avellino Opuscoli Theil II Seite 33 will den Typus des Elefanten, der sich auch auf Münzen von Atella wiederfindet, nicht auf die Zeit des Hannibal beziehen, sondern darin eine Beziehung auf die Lichtgottheiten erkennen.

---

5. Atella.

Die Münzen von Atella hat Mazochi zuerst bekannt gemacht, er las die Aufschrift '*akeru*', und glaubte deshalb die Münzen Acerra angehörig. Eckhel berichtigte die Lesung, liess aber die Zutheilung Mazochi's gelten.*) Erst Millingen in seinem Récueil wies die grössere Uebereinstimmung zwischen der Aufschrift '*aderl*' und dem Namen Atella nach. Der oskische Stadtname wird '*aderlü*' gewesen sein, er erscheint auf den Münzen immer abgekürzt, ebenso wie die Namen von Capua und Calatia. Die Lage von Atella ist durch eine Steinschrift, auf welcher populus Atellanus erscheint, bestimmt; diese Inschrift findet sich in Grumo, einem kleinen Ort drei Miglien südöstlich von Aversa. Siehe Remondini storia eccl. Nolana I. p. 65.

1) Æ 9	Lorbeerbekränzter Jupiterkopf rechtshin, dahinter vier Werthkugeln.	Jupiter in einer Quadriga rechtshin, in der Rechten den Blitz, in der Linken das Scepter haltend, hinter ihm steht eine kleine Victoria welche die Zügel hält, darunter '*aderl*', im Abschnitt vier Werthkugeln. Triens.

*) Lepsius Seite 111: Lectio '*akeru*' Eckhelio causa fuit ut nummos Acerris adsignaret. Grade Eckhel verbesserte '*akeru*' in '*aderl*'. Auffallend ist dass Avellino numismata Italiae Seite 27 noch 1808 die Lesung '*akeru*' beibehielt und sie erst später berichtigte.

In der Königlichen Sammlung. Mionnet S. I 231 220. Ein Füllhorn im Felde der Kehrseite auf einem Exemplar bei Avellino Ital. vet. num. S. 27 Nr. 4. Die Typen sind zwei Capuanischen Münzen entnommen.

Der angebliche Triens von Atella mit dem Blitz auf der Kehrseite bei Mionnet I 110 102 und S. I 231 221 ist ohne Zweifel ein Aufschriftloses Exemplar des Capuanischen Triens Nr. 4.

---

2) Æ 6	Lorbeerbekränzter Jupiterkopf rechtshin, dahinter zwei Werthkugeln.	Zwei Krieger einander gegenüberstehend halten mit den linken Händen ein Schwein, in der Rechten jeder ein Schwerdt, daneben zwei Werthkugeln, im Abschnitt '*aderl*'. Sextans.

Millingen Récueil Tafel I Nr. 17, danach Mionnet S. I 230 219. Bei Avellino Opuscoli Theil II Seite 30 Nr. 27 ist ein Exemplar beschrieben welches auf der Vorderseite die Aufschrift ROMA hat, doch ist dies, wie die Abbildung desselben Exemplars in den Monumenti inediti Tafel I Nr. 2 zeigt, nur durch Ueberprägung entstanden, wie sie denn bei den Münzen von Atella sich öfters findet; so auf einem anderen Exemplare im Museo Borbonico Theil II Tafel XVI 13.

---

3) Æ 5	Lorbeerbekränzter Jupiterkopf rechtshin, dahinter eine Werthkugel.	Victoria stehend, rechtshin, eine Trophäe bekränzend, dabei eine Werthkugel, im Abschnitt '*aderl*'. Uncia.

In der Königlichen Sammlung; Mionnet Supplément I 231 222.

---

4) Æ 4	Unbärtiger Strahlenbekränzter Kopf von vorn, neben dem Halse ein Stern.	Elefant rechtshin schreitend, im Abschnitt '*ade*'.

Museo Borbonico Theil II Tafel 16 Nr. 14, und Avellino Opuscoli Theil II Tafel 2 Nr. 19 (der Stern auf der Vorderseite ist nicht sichtbar), danach Mionnet S. I 231 223. Der Stern ist vielleicht, wie auf Münzen von Capua das Zeichen der Uncia.

Velecha.

Bei den Münzen von Atella sind noch einige Kupfermünzen mit der Aufschrift ꞆΕΛΕΧ und ꞆΕΛΕΧΑ zu erwähnen, welche ich zuerst in den Annali dell' Instituto Band XVIII 1846 Tafel F publicirt habe; dieselben Exemplare hat auch später Fiorelli in seinen Annali Heft I Tafel I Nr. 1 2 3 abgebildet, ohne bisher eine Erläuterung dazu zu geben.

Æ 4	Strahlenbekränzter jugendlicher Kopf von vorn.	Pferdkopf rechtshin, darüber ꞆΕΛΕΧ.

Diese interessante Münze habe ich aus der Sammlung San Giorgio für die Königliche Sammlung zu Berlin angekauft. Ein zweites Exemplar besitzt Herr Salvadore Fusco in Neapel, ein drittes ohne sichtbare Aufschrift die Königliche Sammlung. Das erst erwähnte Exemplar der Königlichen Sammlung ist überprägt, die neuen Typen sind die der bekannten campanischen Münze: Weiblicher Kopf mit Mauerkrone rechtshin, K.S. Reiter rechtshin galoppirend, in der Rechten eine Geissel, darunter ROMA.

Æ 8	Strahlenbekränzter jugendlicher Kopf von vorn, zu Seiten des Halses je eine Kugel.	Elefant rechtshin schreitend, darüber ꞆΕΛΕΧΑ, im Abschnitt ist nur eine Werthkugel sichtbar, die zweite fehlt zufällig.

Auch dieser Sextans ward aus der Sammlung San Giorgio für die Königliche erworben. Er ist ebenfalls überprägt, hier sind die neuen Typen die von Velecha, die alten sind die einer Mamertiner-Münze: ΑΡΕΟΣ Lorbeerbekränzter jugendlicher Kopf, und auf der Kehrseite: ΜΑΜΕΡΤΙΝΩΝ Stossender Stier. Andere Exemplare der zweiten Münze von Velecha, jedoch ohne sichtbare Aufschrift: Avellino Giornale num. Tafel I Nr. 3 und wiederholt: Opuscoli Band II Seite 30 Nr. 25 Tafel 2 Nr. 11, danach Mionnet S. I 231 224; ferner Wiczay Band II Seite 7 Nr. 65, Supplement-Tafel der Nummi aenei Nr. 4. Das letztere Exemplar ist auf eine Münze Hiero des Ersten geprägt. Zu vergleichen ist auch in Avellino Opuscoli Theil II Seite 30 Nr. 26 Tafel II Nr. 12 ein undeutlich überprägtes Exemplar der ersten Münze ebenfalls ohne Aufschrift.

Wir wissen diese Münzen nicht zu bestimmen. Die Typen der zweiten sind die der Uncia von Atella (Nr. 4), der Elefant kommt ähnlich auch in Capua vor. Dies deutet darauf dass die Münzen campanisch sind, auch der Stil widerspricht keineswegs. Aber wir kennen in Campanien keine Stadt auf welche sich die Aufschrift beziehen könnte, und doch scheint Velecha da es immer wiederkehrt ein Stadtname zu sein. Hier glaubten wir die Münzen erwähnen zu müssen theils wegen ihrer Aehnlichkeit mit denen von Atella, theils weil die Aufschrift vielleicht oskisch mit griechischen Buchstaben ist. Denn das Ꞇ kann nicht Σ sein, da Σ auf italischen Münzen niemals die Form Ꞇ hat, sondern es ist v. Dies Ꞇ kommt zwar in anderen rein griechischen

3

Münzaufschriften (ϹΑΞΙΩΝ und ϹΕΛΧΑΝΟΣ von Axus und Phaestus Cretae) vor, in Italien aber auf rein griechischen Münzen nur ein einziges Mal, nämlich in ϹΑΣ, dem abgekürzten Magistratsnamen einer Tarentiner Münze. Häufig dagegen ist das Ϲ auf oskischen Münzen und Steinschriften, die mit griechischen Buchstaben geschrieben sind. So finden wir es in ϹΕΙ der oskisch-griechischen Aufschrift der Münzen von Hipponium, so in ϹΙΒΙ, dem wahrscheinlich oskischen Magistratsnamen Vibius auf späteren Kupfermünzen der lucanischen Stadt Laus. So in der Mamertiner Steinschrift, in der von Anzi, in der von Monteleone, so in der rückläufigen Aufschrift ΔΕΙϹΙΝ eines kleinen Ziegels, den ich in Neapel angekauft habe. Diese Beispiele, welche leicht noch zu vermehren wären, zeigen dass Ϲ oft in oskisch-griechischen Inschriften vorkommt, während es nur einmal auf einer rein griechischen Münze von Tarent erscheint. So liegt denn die Vermuthung nahe, ϹΕΛΕΧΑ für oskisch mit griechischen Buchstaben geschrieben zu halten. Das X als χ widerspricht dem nicht, denn X ist auf der oskisch-griechischen Steinschrift von Anzi als ch nachgewiesen. Freilich bleibt es unerklärlich dass in Campanien, wohin wir doch die Münzen geben müssen, auf Kupfermünzen oskisch mit griechischen Buchstaben geschrieben worden sein soll.

Auffallend sind bei diesen Münzen die häufigen Ueberprägungen, die sich aber auch auf Münzen von Atella zeigen. Für die Münzen mit Velecha ergiebt sich dass sie etwas älter sind als die mit ROMA und dem weiblichen Kopf mit der Mauerkrone, denn diese Typen sind auf ein Exemplar der ersten Münze geprägt; und dass sie jünger sind als die Mamertiner-Münzen und die Hiero des Ersten, denn die Typen der zweiten Münze sind auf diese geprägt. Die Mamertiner-Münzen wurden etwa seit 289 v. Chr. geschlagen, die Münzen mit Velecha gehören also der Zeit um 250 v. Chr. an*).

Ich muss hier dem Vorwurf antworten welcher mir in Avellino's Bullettino Band VI Seite 99 Anmerkung 2 gemacht wird: „es errege Verwunderung dass bei Publication der Münzen mit der Aufschrift ϹΕΛΕΧΑ, der Münze des Hunter'schen Katalogs mit der Aufschrift ΥΕΛΗΚΩ nicht gedacht worden sei.“ Ich sehe zwischen den Aufschriften ϹΕΛΕΧΑ und ΥΕΛΗΚΩ keine Aehnlichkeit welche mich hätte veranlassen können, die zweite zur Erklärung der ersten zu benutzen, selbst wenn die Aufschrift ΥΕΛΗΚΩ begründet wäre. Sie ist es aber nicht, denn die Hunter'sche Münze (Tafel 22 Nr. XV), die einzige von Velia welche diese unerhörte Aufschrift hat, ist ganz sicher falsch. Das lehrt schon ihr Anblick. Die Vorderseite bietet eine ebenso seltsame Aufschrift von Croton als die Kehrseite eine von Velia. Es sind nämlich die Vorderseite und die Kehrseite zweier falschen Münzen von Croton und von Velia zu einer Münze vereinigt. Beide befinden sich in der kleinen Sammlung falscher Münzen

*) Die Münzen des Hiero sind bekanntlich restituirt, man weiss nicht zu welcher Zeit; sie geben daher keinen chronologischen Anhalt.

welche zu belehrender Vergleichung bei der Königlichen Münzsammlung zu Berlin aufbewahrt wird. Sie sind beide aus der nämlichen Fabrik, beide von Grösse 7, also grösser als alle nicht incusen Didrachmen; Stil, Form der Buchstaben, Gewicht, und so viele andere Kennzeichen lassen an ihrer Unächtheit keinen Zweifel; sie sind von ziemlich guter und alter italienischer Arbeit. Wir beschreiben sie hier beide, und müssen leider ausführlich sein, um unseren Beweis zu führen. Croton. AR 7. ΚΡΟΤΩΜΙ- Lorbeerbekränzter Apollokopf rechtshin. K.S. Hercules als Knabe, sitzend und die Schlangen würgend. Dies nämliche Berliner Exemplar hat Sestini Lettere VIII Seite 31 Tafel V Nr. 7 publicirt, und Mionnet wiederholt es Suppl. I 340 991 nach Sestini; aber irrig, indem er ΚΡΟΤΟΜΙΣ schreibt und statt 7 die Grösse 2½ angiebt. Mionnet übersah nämlich dass die Münze von Sestini abgebildet worden, dass Sestini die Aufschrift ΚΡΟΤΟΜΙΣ widerlegt und in ΚΡΟΤΩΜΙ- verbessert, dass Sestini das Berliner Exemplar für sehr zweifelhaft erklärt. Mionnet hat also nur die Sestini'sche Beschreibung kopirt ohne zu lesen was dieser hinzufügte. Uebrigens scheint eine ähnliche ächte kleinere Münze bei Eckhel Numi anecdoti Tafel IV Nr. 2 mit der Aufschrift ΚΡΟΤΩΝΙΑΤΑΣ zu dieser falschen als Vorbild gedient zu haben. — Die andere Münze, von Velia, ist so: AR 7. Pallaskopf linkshin, der Helm ist mit einem Pegasus geschmückt, über dem Kopf A, hinter dem Kopf ein kleines vertieftes Viereck. K.S. ΥΕΛΗΚΩ Löwe einen Hirsch würgend, linkshin. Sestini Lett. VIII Seite 30 Tafel V Nr. 6 (das nämliche Exemplar, doch hat er irrig IE in das kleine Viereck der Vorderseite gesetzt), und danach von Mionnet S. I 328 899 wiederholt, der aber irrig ΥΗΛΗΚΩ schreibt.

Aus diesen beiden falschen Münzen machte nun der Fälscher eine dritte, indem er die Vorderseite der ersten, der von Croton, und die Kekrseite der zweiten, der von Velia, auf einen Schrötling abprägte. So ist die Hunter'sche Münze entstanden, deren Abbildung in seinem Katalog, mit den betreffenden Seiten der eben beschriebenen beiden falschen Münzen zu Berlin auf's allergenaueste zusammentrifft, wovon sich überzeugen wird wer die Hunter'sche Abbildung mit den obigen Beschreibungen vergleicht. Danach konnte also die Aufschrift ΥΕΛΗΚΩ einer falschen Münze unmöglich benutzt werden um ΓΕΛΕΧΑ zu erklären.

---

6. Calatia.

Die Stadt, deren oskische Münzen hier beschrieben werden, lag südlich vom Volturnus zwichen S. Pietro in strada und Maddaloni, ihre Stelle ist noch jetzt durch den Namen le Galazze bezeichnet. Caiatia dagegen, auf deren Münzen die lateinische Aufschrift CAIATINO steht, ist das jetzige Cajazzo, nördlich vom Volturnus.

Die oskischen Münzen von Calatia sind höchst selten, meist nur in einem Exemplar bekannt. Nur die Münze Nr. 1 haben wir in der Sammlung Santangelo selbst gesehen.

Die Aufschrift '*kalati*' steht rückläufig auf Nr. 1 und 3, doch sind auf Nr. 3 die beiden '*a*' rechtläufig gestellt. Nr. 4 hat '*kalat*' rückläufig, Nr. 2 '*kala*' rechtläufig.

Die Typen von Nr. 1 und 2 kommen ähnlich auf Capuanischen Münzen vor.

Eine Münze mit der griechischen Aufschrift KAΛA und dem Typus des Stiers, welche Ignarra de pal. Neap. Seite 251 erwähnt hält Avellino, num. Ital. vet. Seite 27, mit Recht für unglaubwürdig.

---

1) Æ 8	Lorbeerbekränzter Jupiterkopf rechtshin, dahinter zwei Sterne.	Diana in einer Biga mit galoppirenden Pferden, rechtshin, darüber zwei Sterne; im Abschnitt '*kalati*'. Sextans.

Die Sterne sind hier, wie auf Capuanischen Münzen, statt Werthkugeln. Mazochi hat diese Münze zuerst bekannt gemacht (tab. Heracl. Seite 534), unsere Abbildung ist nach einem bei Daniele le forche Caudine Seite 21 abgebildeten Exemplare wiederholt.

---

2) Æ 7	Lorbeerbekränzter Jupiterkopf rechtshin, dahinter zwei Werthkugeln.	Jupiter, in der Rechten den Blitz haltend, fährt in einer Biga mit galoppirenden Pferden, links im Felde zwei Werthkugeln; im Abschnitt '*kala*' (rechtläufig). Sextans.

Carelli (Katalog Seite 16) beschreibt diese Münze, und sagt, unter der Aufschrift stände noch Φ, in seiner Abbildung, nach der die unserige gezeichnet ist, fehlt dies Φ.

---

3) Æ 5	Lorbeerbekränzter Jupiterkopf rechtshin.	Pferd rechtshin galoppirend; im Abschnitt '*kalati*'.

Nach Millingen ancient coins Seite 4 Tafel I Nr. 3. Unter dem Pferd ist auf der Millingen'schen Abbildung ein kleiner Kreis gezeichnet, wohl keine Werthkugel, denn Millingen erwähnt sie nicht in seiner Beschreibung, und die Stellung ist auch nicht die für Werthkugeln gewöhnliche.

---

4) Æ 5	Lorbeerbekränzter Jupiterkopf rechtshin.	'*kalat*' Ein Dreizack.

Avellino Suppl. ad Italiae num. Seite 49 beschreibt diese sonst unbekannte Münze, welche sich in der Sammlung des französischen Generals Reynier befand. Das nämliche Exemplar ist bei Micali storia degli antichi populi italiani (Firenze 1832) Th. III Tafel CXV Nr. 18 abgebildet, und danach auf unserer Tafel wiederholt.

Der Dreizack des Neptun kommt auch sonst wohl auf Münzen von Städten vor welche entfernt vom Meere liegen, so auf Münzen von Luceria.

---

7. Nuceria Alfaterna.

Es ist jetzt allgemein anerkannt dass die Münzen mit der griechischen Aufschrift ΝΟΥΚΡΙΝΩΝ nicht dem campanischen sondern dem Nuceria im Lande der Bruttier gehören. Ihr Fundort beweist es, und eine von Millingen Récueil Seite 14 Tafel I Nr. 8 publicirte Münze mit der Aufschrift ΝΟΥΚΡΙΝΩΝ hat Typen welche dem Bruttischen Rhegium eigen sind. Für das campanische Nuceria bleiben nur rein oskische Münzen; auf ihnen nennen sich die Einwohner, zur Unterscheidung von den drei anderen italischen Nuceria, in Umbrien, in Apulien, und im Bruttierlande: Nuvkrini Alafaterni. Auch Plinius (Hist. nat. III 5) nennt sie: Nucerini Alfaterni. Die noch blühende Stadt, jetzt Nocera de' Pagani nach den Saracenen genannt welche sie im Mittelalter zahlreich bewohnten, liegt am Sarnus; Pompeji war im Alterthum Nuceria's Hafen.

---

1) AR 5	'*Nuvkrinum Alafaternum*' Unbärtiger Kopf mit einem Widderhorn linkshin.	Einer der Dioskuren linkshin stehend, mit der Rechten hält er sein Pferd am Zügel, in der Linken ein Scepter.

In der Königlichen Sammlung. Ein anderes Exemplar daselbst hat einen Delphin hinter dem Kopf der Vorderseite. Mionnet beschreibt (I 123 241) ein Exemplar mit einer Diota hinter dem Kopf der Vorderseite; die Aufschrift desselben steht nicht auf der Kehrseite, sondern auf der Vorderseite, wie Mionnet selbst im Supplément berichtigt. In Carelli's Tafeln ist ein Exemplar abgebildet welches hinter dem Kopfe der Vorderseite eine Muschel über einem Delphin, und ein anderes welches an derselben Stelle eine Eule hat. Statt des '*f*' (8) wird zuweilen Θ angegeben, allein bei der Kleinheit der Buchstaben sind diese Zeichen kaum zu unterscheiden. Das eine der drei Exemplare zu Berlin, welches wir abbilden, giebt die Aufschrift ganz vollständig und deutlich. Andere Exemplare haben die Aufschrift mehr oder weniger unvollständig.

Die auffallende Kleinheit der Buchstaben, welche durch die Länge der Aufschrift nöthig ward, erklärt dies zur Genüge.

Avellino glaubt in dem Kopf den Epidius Nuncionus (oder besser Nucerinus), zu erkennen (man sehe seine Numismata Italiae veteris Seite 100), Millingen aber den Flüss Sarnus. Auch hat Cavedoni über diese Typen wiederholendlich gesprochen im Bullettino dell' instituto 1839 Seite 138, 1840 Seite 142, 1843 Seite 41.

Ein einziges Exemplar dieser Münze in der Grossherzoglichen Sammlung zu Florenz welches Eckhel in den Nummi anecdoti Seite 22 Tafel II Nr. 9, und in der Doctrina Theil I Seite 115 publicirt, und dessen Kehrseite wir neben Nr. 1 auf unserer Tafel abbilden, hat im Abschnitt der Kehrseite eine Aufschrift. In der Abbildung der Nummi anecdoti ist sie '*.arnine.*' gegeben, in Eckhel's Beschreibung, welcher mehr zu trauen ist als der Abbildung, '*.arnsne.*' und danach noch ein unsicherer Buchstab wie ꟼ gestaltet.*) Aber diese Aufschrift '*.arnsne.*' ist wegen der Häufung der Consonanten in der Mitte des Worts unwahrscheinlich, und es ist darum sehr glaublich dass die Lesung Mommsen's, welcher das Original in Florenz gesehen hat, '*.arasne.*' richtiger ist; '*n*' und '*a*' sind im Oskischen nur durch den Querstrich oben am '*a*' unterschieden. Die Bedeutung dieser Aufschrift ist ganz dunkel. Dürfte man ein '*s*' am Anfang ergänzen, so läge es wohl am nächsten, sie auf den Fluss zu beziehen an welchem Nuceria liegt.

---

2) Æ 4	'*nuvkrinum alafaternum*' Jugendlicher Kopf von einem schmalen Band umgeben, linkshin.	Die Dioskuren zu Pferde, linkshin sprengend und die Rechte erhebend, im Abschnitt '*degvinum...*' und darunter Spuren einer zweiten Zeile.

Dies Exemplar, welches ich aus der Sammlung San Giorgio zu Neapel, für die Königliche angekauft habe, giebt vor '*egvinum*', wie man bisher gelesen (Millingen ancient coins Seite 8 Tafel I Nr. 7), noch ein sicheres '*d*'. Ein zweites Exemplar der Königlichen Sammlung, welches ich ebenfalls in Neapel angekauft, hat die zweizeilige Aufschrift:

'*.egvinum ra..*
..anm..'

Die Buchstaben '*ra*' sind ganz deutlich, ebenso das '*n*' der zweiten Zeile, '*a*' und '*m*' sind weniger sicher. Die Aufschriften beider Münzen combinirt lauten also '*degvinum ra.... anm..*'. '*degvinum*' ist wohl auch ein Genitiv Pluralis.

---

*) Millingen's Angabe (Considérations Seite 198): Eckhel's Lesung laute '*sarnined*', ist unrichtig, und beruht auf Eckhel's Abbildung was das '*i*' betrifft, '*s*' und '*d*' hat Millingen hinzugesetzt.

In der früher angenommenen Lesung '*egvinum*' hat man das lateinische Wort equus zu finden geglaubt, und sie auf den equus magnus in Nuceria gedeutet, oder auch durch ἱππεῖς, die Dioskuren, erklärt. Da sie aber '*degvinum*' heisst so fallen diese schon an sich unwahrscheinlichen Vermuthungen. Beide Exemplare dieser höchst seltenen Münze, welche die Königliche Sammlung besitzt, sind auf unserer Tafel abgebildet.

In den Carelli'schen Tafeln ist ein in Cales überprägtes Exemplar dieser Münze abgebildet; unter den bekannten Typen dieser Stadt: Apollokopf, K.S. Stier mit menschlichem Antlitz, darüber ein Stern, erkennt man deutliche Spuren der Aufschriften und der Typen unserer Münze.

---

3)	Æ 3	Jugendlicher Kopf linkshin.	'*nuvkrinum alafaternum*' Hund eine Spur verfolgend rechtshin.

Auf vier mir vorliegenden Exemplaren trägt der Kopf der Vorderseite keinen Lorbeerkranz, wie gewöhnlich beschrieben wird. Auch wird mehrfach angegeben, zum Beispiel von Mionnet und Sestini (Classes generales), in '*alafaternum*' sei der vierte Buchstab ein rückläufiges Ɛ, aber auf allen Exemplaren welche ich gesehen habe ist er immer 8.

Ein Exemplar zu London, welches Lepsius auf seiner Münztafel unter Nr. 31 abbildet, hat die Aufschrift auf beide Seiten vertheilt, so dass '*nuvkrinum*' um den Kopf steht, '*alafaternum*' auf der Kehrseite, und zwar so, dass der Anfang der Aufschrift im Abschnitte steht.

Aesernia.

Die Münzen von Aesernia haben gewöhnlich die lateinische Aufschrift AI$ERNINO (oder AISERNINO, $ und S sind hier nicht immer zu unterscheiden), eine Abkürzung von Aiserninom oder Aiserninorum. Statt Aisernino steht aber ganz deutlich auf zwei Exemplaren der Königlichen Sammlung: AI$ERNIM. Diese beiden Exemplare sind nicht mit denselben Stempeln geprägt, durch einen Stempelfehler lässt sich also die Abweichung nicht erklären. Eins dieser Exemplare habe ich in Fiorelli's Annali Heft II Tafel III Nr. 2 abbilden lassen. Hier die Beschreibung:

Æ 5	VOLCANOM Kopf des unbärtigen Vulcan linkshin, um den kegelförmigen Hut ein Lorbeerkranz, dahinter eine Zange.	Jupiter den Blitz in der Rechten, in einer Biga rechtshin, im Abschnitt AI$ERNIM.

VOLCANOM steht bei dem durch Hut und Zange sicher bezeichneten Vulcankopf da diese Aufschrift auf anderen Münzen die lateinische AI$ERNINO begleitet, so kann sie also wohl nur ein lateinischer Accusativ sein, und möchte sich durch ein hinzugedachtes colunt oder dergleichen erklären lassen. AI$ERNIM scheint aber eine oskische Form zu sein, ein Genitiv Pluralis der dritten Declination wie '*safinim*'. Der oskische Gentilname müsste also nach der dritten Declination gegangen sein, während der lateinische Aesernini hiess. Dies ist freilich unerwiesen, aber auch für den Namen der Bewohner von Larinum und der Lucaner kennen wir ja zwei Formen. Oskisirende Formen mit lateinischen Buchstaben geschrieben haben wir auch auf den Münzen von Larinum, und Aesernia's Lage an dem Grenzpunkt von Samnium Campanien und Latium macht eine solche Unregelmässigkeit in den Münzaufschriften allenfalls erklärlich. In der Nähe von Aesernia war gewiss oskische Sprache in Gebrauch; Pietrabbondante, reich an oskischen Steinschriften, ist unweit von Isernia gelegen; und die Münzen von Aesernia stimmen zum Theil in den Typen überein mit oskisch beschriebenen campanischer Städte. Ein Zusammenhang Aesernia's mit oskischen Städten steht also fest.

Die folgende Münze von Aesernia ist hier auch zu erwähnen.

Æ 5	AI$ERNIO Behelmter Pallaskopf linkshin.	Adler rechtshin stehend, in den Klauen eine Schlange haltend.

Die meisten, vielleicht alle Exemplare dieser Münze haben die Aufschrift AI$ERNIO, welche sich weder durch lateinische noch oskische Formen genügend erklären lässt.

II. Campania maritima.

1. Allifae.

Über die Stadt welcher die hier zu beschreibenden Silbermünzen angehören ist man nicht einig. Die Aufschriften erinnern zunächst an Allifae in Samnium, deren Namen sich in Piedimonte d'Allife erhalten hat, und deren nicht unbeträchtliche Ruinen noch übrig sind. Aber die Münzen werden dort nicht gefunden. Dies gesteht schon Trutta in den Antichità Allifene Seite 5; und in der bedeutenden Münzsammlung welche der verstorbene Herr Egg, der Besitzer der Baumwollen-Fabrik zu Piedimonte, an diesem Orte selbst gesammelt hat befanden sich durchaus keine. Diese Sammlung habe ich noch dort gesehen, und dann zum grössten und besten Theil für unsere Königliche Sammlung angekauft. Dazu kommt dass die Typen von Nr. 3 4 5 6 auf eine Seestadt deuten, Allifae aber liegt tief im Lande, am Fusse des Monte Matese. Nun findet sich die Münze Nr. 4 (die anderen alle sind sehr selten) häufig in der Nachbarschaft Neapel's, gewöhnlich zusammen mit den kleinen Münzen von Phistelia. Nach einer Notiz bei Millingen ancient coins Seite 7 sind einmal mehr als siebenhundert Obolen von Phistelia und Allifae zusammen gefunden worden, leider wird der Ort dieses Fundes nicht genauer angegeben.

Die Typen sind campanisch, Nr. 1 ist den Didrachmen von Nola und Neapolis ganz ähnlich; die Kehrseite von Nr. 2 und 3 stimmt mit kleinen Münzen von Phistelia ganz überein, namentlich die von Nr. 3, Nr. 4 5 6 haben einen Cumanischen Typus.

Also zwei sehr entscheidende Merkmale, Fundort und Typen-Aehnlickeit, führen in die Nähe von Cumae und Puteoli (Phistelia), und es wird daher sehr wahrscheinlich dass diese Münzen der freilich nur supponirten Stadt angehören deren Namen sich in Monte Ollibano, unweit Cumae, erhalten hat. Nachgrabungen sind dort nie angestellt worden. Diese Meinung hat Millingen Récueil Seite 16 zuerst, soviel wir wissen, ausgesprochen, und Avellino adoptirte sie in seinem Supplementum ad Italiae numismata Seite 12. Ist nun diese Zutheilung richtig, wie wir glauben, so bestätigen diese Münzen einer Stadt in der Nachbarschaft von Cumae den Ausspruch des Velleius: Cumanos osca mutavit vicinia. Denn die Aufschriften der Münzen sind theils oskisch theils griechisch geschrieben theils aus Buchstaben beiderlei Schrift gemischt. Nr. 3 hat die rückläufige griechische Aufschrift AΛΛEI, Nr. 4 die rechtläufige griechische AΛΛIBANON, Nr. 2 die rechtläufige oskische '*alifa*', Nr. 5 die gemischte AᒷᒷIBA, Nr. 1 die gemischte AᒷI§HA. In dieser letzteren Aufschrift ist der vierte Buchstab wohl sicher ein Φ, der fünfte kann für η oder auch für h stehen, so dass Alifea oder Alifha zu lesen ist. H als h kommt auch in HAMΠANO vor. Es ergeben sich also für den Stadtnamen die Formen Alliba, Alifa, Allei(fa), Alifea oder Alifha.

---

1)	AR 5	Pallaskopf rechtshin.	Stier mit menschlichem Antlitze rechtshin, darüber AᒷI§HA.

Diese sonst unbekannte Didrachme befindet sich in zwei Exemplaren in der Sammlung Santangelo zu Neapel, dort habe ich sie gesehen aber leider nicht abdrucken dürfen, so dass ich für die Vollständigkeit der Beschreibung nicht einstehen kann, die Aufschrift aber ist sicher wie sie oben angegeben, und nicht wie Fiorelli Monete inedite Seite 19 sie schreibt.

---

2)	AR 1	Löwenkopf mit offenem Rachen rechtshin.	⌶ zu dessen Seiten '*alifa*'.

In den Händen des Münzhändlers Benigno Tuzzi zu Neapel befand sich diese Münze, sie ging dann in den Besitz des Herrn Dr. Braun zu Rom, und dann in die Sammlung des Herzogs von Luynes über. Ich habe sie in Fiorelli's Annali Heft I Seite 10 publicirt und auf der Tafel I Nr. 4 dieser Annali abgebildet.

Dasselbe Exemplar hat der Herzog von Luynes in der Numismatique des Satrapies et de la Phénicie unter den Incertains der letzten Tafel abgebildet. Wenn man auf seiner Abbildung die Aufschrift der Kehrseite umkehrt, erkennt man '*ali*' wie auf unserer Abbildung. Wahrscheinlich gab die dem Herzog von Luynes früher eingesendete Zeichnung nicht ganz treu die Aufschrift wieder.

---

3) AR 1 Austermuschel. | I umher ΑΛΛΕΙ rückläufig.

Diese zu Neapel angekaufte Münze befindet sich in der Königlichen Sammlung, ich habe sie in Fiorelli's Annali Heft II Tafel III Nr. 4 zum ersten Male bekannt gemacht. Sie schliesst sich, was den Typus der Kehrseite betrifft, an Nr. 2. Das Zeichen I findet sich auch auf anderen kleinen italischen Silbermünzen, so auf den beiden von Phistelia Nr. 5 und 6, dann auf einer schriftlosen Münze, welche darum keiner Stadt mit Bestimmtheit zugetheilt werden kann; sie hat auf der Vorderseite einen Löwenkopf von vorn wie die Münzen von Rhegium, auf der Kehrseite nur das I. (Carelli's Tafeln: Heraclea Lucaniae). Auch eine kleine Silbermünze von Segeste hat auf der Kehrseite dies Zeichen, und umher ΣΕΓΕ (Torremuzza Tafel LXIII Nr. 18). Und endlich hat Cadalvène Tafel II Nr. 31 eine kleine Münze abgebildet die anf der Vorderseite einen Pferdkopf, auf der Kehrseite I hat. Cadalvène nahm I für Z und glaubte sie nach Zakynth gehörig. Da aber der Pferdkopf auf Münzen von Zakynth sonst nicht erscheint, halten wir die Cadalvène'sche Münze eher für Korinthisch.

Alle diese Münzen sind sehr klein, man könnte also wohl Fiorelli's Vorschlag billigen: das I für ein H zu nehmen und als Anfangsbuchstaben von Ἡμιόβολος zu betrachten. Das Gewicht der Münzen müsste darüber entscheiden, wir kennen nur das der Münze von Allifae sie wiegt 0.21 Gramme, während die Obolen von Allifae 0.6 wiegen. Die Münze ist etwas verschliffen, sie könnte also wohl ein Halbobol sein, und soweit man aus der Kleinheit der übrigen schliessen darf, möchten auch sie Halbobolen sein. Allein dieser Erklärung widerspricht die Form des H, die beiden Hasten sind zuweilen stark gekrümmt, was sonst bei H auf Münzen nicht vorkommt. Die Münzen von Phistelia auf denen dies I vorkommt sind zwar oskisch, dies hinderte aber nicht hier ein griechisches H anzunehmen, da andere Münzen von Phistelia zweisprachig sind, und da auch häufig griechische Buchstaben als Beizeichen auf oskischen Münzen erscheinen. Bedenklich bleibt aber Fiorelli's Erklärung immer, denn Werthbezeichnungen auf geprägten Münzen sind überhaupt ungewöhnlich, und die Andeutung der Werthbezeichnung durch einen Anfangsbuchstaben kommt wohl sonst nicht vor, ausser auf Astheilen wo Σ zuweilen Semuncia, und ausser dem Π auf Mamertiner-Münzen welches wohl πέντε bedeutet.

Es giebt auch Kupfermünzen welche I auf der Kehrseite haben, auf der Vorderseite einen Pallaskopf. Man hat sie Zakynth zugetheilt, indem man das I für Z nahm, allein sie schliessen sich dem Stil nach den Münzen von Zakynth nicht an. Und da sie in Italien nicht selten sind, und noch mehr da manche von ihnen sogar um das Zeichen I Werthkugeln haben, welche doch italischen und sicilischen Münzen eigen sind, so möchten wir diese Münzen eher für italisch halten. Auf diesen Kupfermünzen wird man wohl das I nicht für H und für Bezeichnung des Halbobols nehmen wollen, es wird also auch fraglich, ob es auf den kleinen Silbermünzen wirklich diese Bedeutung habe.

---

4)	AR 1½	Jugendlicher lorbeerbekränzter Kopf rechtshin, inmitten dreier Delphine.	ΑΛΛΙΒΑΝΟΝ Scylla rechtshin, an jeder Schulter ein Hundkopf, unter der Scylla eine Muschel.

Königliche Sammlung. Diese Münze ist nicht sehr selten, manche Exemplare sind in Schrift und Typus sehr verwildert, so zwei von Avellino im Museo Borbonico Theil III Tafel XVI Nr. 1 und 2 abgebildete, andere aber sind sehr gut geschnitten und geprägt. Zuweilen fehlt, nach einigen Beschreibungen, die kleine Muschel auf der Kehrseite.

---

5)	AR 2	ΑΡΡΙΒΑ Lorbeerbekränzter Apollokopf linkshin.	Scylla rechtshin, an jeder Schulter ein Hundkopf, über und unter der Scylla je ein kleiner Schwan.

Millingen Supplément aux considérations Tafel II Nr. 13. In den Carelli'schen Tafeln ist ein Exemplar ohne Aufschrift abgebildet.

---

6)	AR 2	Pallaskopf rechtshin.	Scylla rechtshin, in der Rechten ein Steuerruder, unter der Scylla eine kleine Muschel.

Millingen Récueil Tafel I Nr. 9, danach Mionnet S. I 224 188. Vorher hatte Caronni Viaggio a Tunis Tafel XII Nr. 64 die Münze ohne die kleine Muschel abgebildet, und danach hatten sie Avellino Giornale Theil I Seite 9 und Mionnet S. I 224 189 beschrieben. Die Münze ist zwar schriftlos, aber die Aehnlichkeit der Kehrseite mit denen der Nr. 4 und 5 spricht sie Allifae zu.

---

2. Phistelia.

Man hatte die Münzen von Phistelia früher Paestum zugetheilt, aber sie werden dort niemals gefunden. Avellino hatte sie zuerst einer samnitischen Stadt Plistia gegeben (Opuscoli Theil III Seite 86), dann der Stadt Histonium im Lande der Frentaner jetzt il Vasto Aimone (Bullettino Napoletano Theil IV Seite 27). Der letzteren Zutheilung widerspricht aber schon das Vorkommen der Münzen, die ganze Küste des adriatischen Meeres entlang haben wir keine einzige gesehen, ja schon keine jenseit des Apennin, und in Vasto selbst wusste man nichts von diesen Münzen. Ueberhaupt sind nur wenige Silbermünzen jenseit des Apennin geprägt worden. Der Fundort für diese Münzen von Phistelia ist die Campagna felice. Millingen's Annahme dass sie Puteoli angehören ist sehr wahrscheinlich, und wird dadurch bestätigt dass der oskische Name '*fistlus*' ebenso Pluralform ist wie der lateinische Puteoli, der griechische Phistelia freilich nicht. Auch ist wohl zu beachten dass die Typen der Münzen mit denen campanischer Städte ganz genau übereinstimmen. Unsere Nr. 1 und 2 haben die Typen von älteren Münzen Neapels, (siehe besonders Duc de Luynes Choix de médailles antiques Tafel I Nr. 12), Nr. 3 und 4 haben auf der Kehrseite Cumanische Typen, Nr. 5 und 6 haben eine Kehrseite die sich in Allifae wiederfindet, und Nr. 7 endlich ist eine genaue Nachahmung einer kleinen Münze von Neapel welche sich in der Königlichen Sammlung befindet, und welche etwas abweichend Avellino (Opuscoli II Tafel 3 Nr. 7) abgebildet hat, nur hat die Münze von Phistelia auf dem Helm der Pallas noch die Eule, welche auf Münzen von Nola und Uria gewöhnlich ist. Delphin Muschel und Gerstenkorn neben einander auf der Kehrseite von Nr. 3 und 4, der häufigsten Münzen von Phistelia, eignen sich sehr wohl zum Typus „der Seestadt des weizenreichen Campaniens."

Die Münzen geben uns folgende Aufschriften: '*fistlus*' rechtläufig (Nr. 1); '*fistluis*' (Nr. 2 3 4 5 6), das '*u*' mit dem Punkt als '*ú*' (auf einem Exemplar von Nr. 6); '*fistel...*' (Nr. 7), und ΦΙΣΤΕΛΙΑ (Nr. 4). Der oskische Stadtname ist also '*fistlus*' und '*fistelus*', der griechische Phistelia. Sestini Classes Generales zweite Ausgabe führt noch andere zum Theil seltsame Aufschriften an, wir wissen nicht wo er sie hergenommen, und halten sie nicht für glaubwürdig.

Die Aufschriften welche auf '*uis*' endigen sind ohne Zweifel Ablativi Pluralis der zweiten Declination. Dagegen ist '*fistlus*' auf der ersten Münze der Stadtname im Nominativ Pluralis der zweiten Declination. Die Form '*us*' für diesen Casus ergiebt sich aus '*degetasius*', dem oskischen Titel der Aedilen, welcher in einer Steinschrift hinter zwei Namen steht, so dass er sich auf beide beziehen muss. (Mommsen Süditalische Dialekte, kleine Inschriften Nr. XV). In der umbrischen Sprache ist die Form des Nominativ Pluralis der zweiten: or oder ur. (Aufrecht und Kirchhoff die umbrischen Sprachdenkmäler Seite 118).

Es ist freilich auffallend dass die älteren Didrachmen den Nominativ des Stadtnamens, alle späteren Münzen den Ablativ haben. Aber der griechische Stadtname steht auf späteren Münzen auch im Nominativ, neben dem oskischen Ablativ. Und überhaupt wechseln auch auf Münzen anderer Städte, zum Beispiel Uria, die Formen der Aufschrift.

Die Münze Nr. 1 ist wohl das älteste Denkmal rein oskischer Schrift welches wir kennen, dem Stile nach darf man sie wohl um das Jahr 400 v. Chr. geprägt glauben. Damals war also die Rückläufigkeit der Schrift noch nicht allgemein. Auch die Punkte auf '*u*' und die Querstriche an '*i*' fehlen auf allen Münzen ausser auf einem Exemplare von Nr. 6. Ebenso finden wir diese Zeichen noch nicht auf denjenigen Stein-Inschriften, welche man theils mit Sicherheit theils mit Wahrscheinlichkeit für die ältesten hält, und welche etwa um 250 v. Chr. geschrieben sind. Die zweisprachige Münze Nr. 4 beweist dass in der Stadt griechische und oskische Einwohner waren.

Carelli hat die bekannten und häufigen kleinen Silbermünzen ohne Aufschrift: Kopf von vorn mit langem zerstreuten Haar, auf der Kehrseite ein schreitender Löwe, im Abschnitt eine Schlange, welche man irrig Heraclea Lucaniae angehörig glaubt, nach Phistelia gegeben. Der Kopf hat freilich einige Aehnlichkeit mit dem der Didrachmen von Phistelia, aber dies allein rechtfertigt nicht Carelli's Attribution. Auch widerspricht ihm der Fundort dieser Münzen, sie kommen in Campanien selten, im südlichen Samnium häufiger vor. Wir wissen sie nicht zu bestimmen, halten aber Carelli's Attribution für irrig.

Avellino hat in den Opuscoli Theil II Seite 58 Tafel III Nr. 13 eine verwilderte Didrachme der Sammlung zu Mailand publicirt, welche auf der Vorderseite einen weiblichen Kopf linkshin, auf der Kehrseite die mit sehr undeutlichen Buchstaben geschriebene rückläufige Aufschrift ΓΙΣΚΙΝΙΣ, und als Typus eine Ratte auf einer Austermuschel hat. Diese Typen sind ganz Cumanisch, eine ähnliche Münze von Cumae bildet Millingen Supplément aux considérations Tafel II Nr. 12 ab. Auch andere verwilderte Münzen von Cumae sind jetzt bekannt geworden (Fiorelli Annali Tafel III Nr. 5). Danach darf man auf diese Münze und ihre Aufschrift wohl keinen grossen Werth legen. Wir führen sie aber hier an, weil uns Benigno Tuzzi, ein bekannter und erfahrener Münzhändler zu Neapel, versichert hat, er habe auf der Münze zu Mailand die Aufschrift '*fistluis*' gelesen. Würde diese nicht ganz unglaubwürdige Nachricht bestätigt, so hätten wir hier eine neue Münze von Phistelia mit ganz Cumanischen Typen, und darin eine weitere Bestätigung dass Cumae Phistelia Allifae benachbarte Städte sind.

---

1)	AR 5	Weiblicher Kopf von vorn mit fliegenden Haaren.	'*fistlus*' rechtläufig, Stier mit menschlichem Antlitz linkshin schreitend, im Abschnitt Delphin.

Königliche Sammlung. Diese Münze hat stets die Aufschrift wie sie hier angegeben, niemals '*fistluis*' wie die folgenden. Das von Millingen Considérations Seite 200 angeführte Pellerin'sche Exemplar hat auch '*fistlus*', nicht '*fistluis*' wie Millingen irrig sagt. Wir haben schon nachgewiesen dass diese Aufschrift der Stadtname im Nominativ Pluralis der zweiten Declination ist.

---

2) AR 5	Weiblicher Kopf von vorn mit einem Stirnband und fliegenden Haaren.	'*fistluis.*' Stier mit menschlichem Antlitz linkshin schreitend, der Abschnitt leer.

Wir haben diese Münze, welche zu Neapel für die Königliche Sammlung angekauft ward, bereits in Fiorelli's Annali Heft I Tafel 1 Nr. 10 publicirt. Sie unterscheidet sich von der vorhergehenden durch weit schöneren Stil und saubereres Gepräge, dann fehlt hier der Delphin im Abschnitt der Kehrseite, und die Aufschrift ist rückläufig und endigt auf '*uis*', während die der bekannten Didrachmen mit '*us*' schliesst. Ebenso wie hier ist die oskische Aufschrift der kleineren Münzen Nr. 3 4 5 6. Unsere Münze steht daher der Zeit nach, den kleinen Münzen näher, wie das auch ihr Stil zeigt. Es geht daraus hervor dass man das Oskische zuerst rechtläufig schrieb, dann wechselte man mit beiden Arten ab, wie die Münzen von Uria zeigen, und endlich blieb man bei der rückläufigen Schreibart stehen. '*fistluis*' ist der Ablativ Pluralis der zweiten Declination. Hinter der Aufschrift steht hier ein deutlicher Punkt, welcher sich auch auf einem Exemplare der Nr. 6 findet.

---

3) AR $1\frac{1}{2}$	Kopf mit kurzen Haaren, fast ganz von vorn, ohne Andeutung des Halses.	'*fistluis*' Muschel Weizenkorn und Delphin.

Königliche Sammlung. Nach Mionnet S. I 318 822 ist auf der Kehrseite eines Exemplars noch ein Acrostolium, wenn man nicht etwa die Muschel dafür angesehen hat.

---

4) AR $1\frac{1}{2}$	ΦΙΣΤΕΛΙΑ zu den Seiten eines Kopfes fast ganz von vorn, mit kurzen Haaren. Hier ist der Hals angegeben.	'*fistluis*' Muschel Weizenkorn und Delphin.

Königliche Sammlung.

---

5) AR 1	Kopf von vorn, zu den Seiten Spuren von Buchstaben.	I umher '*fistluis*'.

Diese Münze befindet sich in der Sammlung des Canonicus Luigi Pacelli in S. Salvadore di Telese, ich habe sie in Fiorelli's Annali I S. 11 edirt, doch ist der Kopf der Vorderseite dort auf der Tafel I Nr. 5 nicht treu wiedergegeben. Die Buchstaben zu beiden Seiten des Kopfs sind leider unerkennbar, der Schrötling war zu klein für den Stempel, es wäre möglich dass ΦΙΣΤΕΛΙΑ dort gestanden hat, wie auf der vorhergehenden Münze.

---

6) AR 1	Pallaskopf von vorn, auf dem Helm drei Haarbüsche, einer in der Mitte und zwei seitliche.	Die Kehrseite der Nr. 5, nur schliesst die Aufschrift mit einem Punkt.

In der Sammlung des Herrn Santangelo. Auch diese Münze haben wir mit Erlaubniss des Besitzers in den Annali von Fiorelli edirt. Lenormant hatte ein anderes Exemplar in der Revue num. 1844 S. 249 aus der Sammlung zu Paris publicirt, welches sich dadurch unterscheidet dass das '*u*' den Punkt hat. Er meinte: „die Aehnlichkeit des Kopfes mit dem der Münzen von Heraclea Lucaniae sei sehr gross, das H der Kehrseite sei der Anfangsbuchstab von Heraclea. Da aber Puteoli und Heraclea in Lucanien nicht wohl Verbündung gehabt haben, so sei das H nicht auf Heraclea Lucaniae, sondern auf Heracleum oder Herculanum Campaniae zu beziehen, und die Münze gehöre einer Verbündung von Herculanum und Puteoli". Aber er vergisst dass ihn der Kopf der Vorderseite erst auf Heraclea Lucaniae gewiesen hat.

Die Münze gehört gewiss keiner Verbündung von Puteoli weder mit Heraclea noch mit Herculanum, sondern Phistelia allein. Bei den Münzen von Allifae haben wir über das Zeichen ⊢⊣ gesprochen.

---

7) AR $1\frac{1}{2}$	Pallaskopf rechtshin, der Helm mit einem Oelkranze und einer Eule verziert.	'*fistel...*' Halber Stier mit menschlichem Antlitz rechtshin.

Diese Münze der Königlichen Sammlung ist soviel wir wissen ein Unicum. Lepsius hat sie publicirt (Münztafel Nr. 60), aber den Pallaskopf hat er irrig als einen bekränzten weiblichen Kopf angegeben, die Aufschrift hat er '*fistelu*' gelesen, während das '*u*' durchaus nicht deutlich ist, und dann hat er gar die ganze Münze für falsch erklärt.

Sie ist sehr interessant, denn sie giebt erstens eine neue Form '*fistel..*' für den oskischen Namen der Stadt, welchen wir bisher nur in den Formen '*fistlus*' und '*fistluis*' kannten, und das eingeschobene '*e*' vermittelt sehr wohl den oskischen Namen '*fistlus*' mit dem griechischen Phistelia durch den nun gefundenen Uebergang '*fistelus*'.

Dann aber ist sie durch ihre Typen wichtig für die sich immer mehr bestätigende Ansicht dass diese Münzen alle einer süd-campanischen Stadt angehören. Denn unsere Münze stimmt in den Typen beider Seiten mit einer von Neapolis überein welche sich in der Königlichen Sammlung befindet, zwei ähnliche hat Avellino Opuscoli Theil II Tafel 3 Nr. 7 und Tafel 5 Nr. 4 abgebildet, und eine dritte Combe Museum Britannicum Tafel III Nr. 2. Es ist bekannt dass dieser halbe Stier mit menschlichem Antlitz der gewöhnlichste Typus der Kupfermünzen von Neapolis ist. Die Eule auf dem Helm der Pallas findet sich stets so auf den Münzen von Nola und Uria.

---

3. Campani.

Die seltenen Didrachmen mit dem Namen der Campani hielt man zuerst für Landesmünzen Campanien's; da aber die Campaner nie einen Gesammtstaat gebildet haben, können sie auch keine gemeinsame Münze geschlagen haben. Eckhel meinte, Campani sei der Gentilname von Capua, und die Münzen gehörten dieser Stadt. Dies aber widerlegt Avellino, Opuscoli Theil II Seite 26; er sagt mit Recht: es sei nicht einzusehen warum Capua, die oskische Stadt, ihren Namen mit griechischen Buchstaben geschrieben haben solle, während doch, setzen wir hinzu, die gleichzeitigen Münzen von Phistelia rein oskische Aufschrift haben. Danach können wir diese Münzen nicht einer rein oskischen Stadt wie Capua zutheilen. Campanische Soldtruppen haben in den sicilischen Städten Entella Aetna Nakona, deren sie sich bemächtigt hatten, Münzen mit der griechischen Aufschrift ΚΑΜΠΑΝΩΝ geprägt, meist setzten sie auch den Namen der Stadt darauf, zuweilen liessen sie ihn fort, auf ähnliche Weise scheinen unsere Münzen entstanden zu sein in einer der griechischen Städte Campaniens, denn in die Nähe von Neapolis und Cumae weisen die Typen. So erklärt sich einerseits der Name der Campaner und die zum Theil oskischen Aufschriften, andererseits der griechische Typus die griechischen Buchstaben und die zum Theil griechischen Aufschriften.

Weil nun die meisten Münzen den ältesten von Neapel sehr ähnlich sind, meinte Avellino (Opuscoli Theil II Seite 164) sie seien von Campanern in Neapel selbst geschlagen. Er stützt diese Meinung auf die Stelle des Strabo Buch V Capitel 4, wo von Neapel gesagt wird: *Ὕστερον δὲ Καμπανῶν τινας ἐδέξαντο συνοίκους* — . *Μηνύει δὲ τὰ τῶν δημάρχων ὀνόματα, τὰ μὲν πρῶτα Ἑλληνικὰ ὄντα, τὰ δ' ὕστερα τοῖς Ἑλληνικοῖς ἀναμὶξ τὰ Καμπανικά.* Der oskische Einfluss auf Neapel spricht sich auch in einigen oskischen Münzbuchstaben auf späteren Kupfermünzen aus, welche Carelli in seinem Katalog, Neapolis Nr. 274 und 275, anführt. So wäre es allerdings wohl möglich dass unsere Didrachmen von den Campanern in Neapel, etwa gleichzeitig mit den älteren griechischen Didrachmen geprägt sind. Aus einem ähnlichen Verhältnisse sind wohl die Münzen mit *'urina'* in Nola entstanden, wie wir unten nachzuweisen suchen.

Da es aber noch keineswegs erwiesen dass die Campaner in Neapel ein eigenes Gemeinwesen gebildet haben, wollen wir noch eine andere Vermuthung aussprechen.

Eine griechische Inschrift auf einem mächtigen Steinblock des monte di Vico bei Lacco auf Ischia sagt, dass Paquius Numpsius und Maius Paculus und die Soldaten ein Castell errichteten. Die oskischen Namen der Anführer und der Umstand dass die Commune sich ΟΙ ΣΤΡΑΤΙΩΤΑΙ nennt, (Mommsen Süditalische Dialekte, kleine Inschriften Nr. XXXIX) beweist dass eine Campanische Soldaten-Colonie sich in Ischia angesiedelt hatte. Möglich also dass dieser Colonie die Didrachmen ihren Ursprung verdanken. Doch ist bei dem Mangel an Nachrichten über die Colonie auf Ischia und bei der grossen Zahl solcher campanischen Niederlassungen auf diese Vermuthung durchaus kein Werth zu legen. Gewiss ist nur dass diese Didrachmen unweit Neapel's geprägt sind, und auch auf die Nähe von Cumae deutet der Kopf von Nr. 6, beides würde auf Ischia passen.

Die Aufschriften sind theils in oskischer theils in griechischer Sprache, aber immer in rein griechischer Schrift. Sie lauten meistens ΚΑΜΠΑΝΟ, ΚΑΠΠΑΝΟ, ΗΑΜΠΑΝΟ, oft aber steht noch unten im Felde oder zwischen den Beinen des Stiers ein M oder N. Man möchte zwar diese Buchstaben ihrer Stelle nach für Beizeichen ansehen, denn es ist ungewöhnlich dass bei einer geradlinigen Aufschrift ein einzelner letzter Buchstab unten im Felde stehe, und zuweilen fehlt gar das M und N, allein da keine anderen Buchstaben als diese beiden vorkommen, wird man doch wohl ΚΑΜΠΑΝΟΜ und ΚΑΜΠΑΝΟΝ lesen müssen. So erhält man eine oskische und eine griechische Form, ΚΑΜΠΑΝΟΜ ist der oskische Genitiv Pluralis der zweiten Declination, wie in ΛΟΥΚΑΝΟΜ wird auch hier bei griechischer Schrift O statt *'u'* gesetzt. ΚΑΜΠΑΝΟΝ ist dagegen griechisch. Eine andere griechische Form ist ΚΑΠΠΑΝΟΣ.

Die Kupfermünzen mit der griechischen Aufschrift ΚΑΜΠΑΝΩΝ gehören alle nach Sicilien, auch die welche Mionnet S. I 230 218 unter Capua anführt.

---

1) AR 4	Pallaskopf rechtshin, um den Helm ein Oelkranz.	ΚΑΜΠΑΝΟ Stier mit menschlichem Antlitz linkshin, im Felde ein undeutliches M, im Abschnitt ein Fisch.

Avellino Monumenti inediti Seite 1 Tafel I Nr. 1, und wiederholt in den Opuscoli Theil II Seite 26 Tafel 2 Nr. 10, wo jedoch in der Abbildung das M noch undeutlicher ist.

---

2)	AR 4	Pallaskopf rechtshin, ein Oelkranz um den Helm ist nicht sichtbar.	KAMΓANO (rückläufig) Stier mit menschlichem Antlitz rechtshin, zwischen seinen Beinen M, vor ihm ein kleiner Vogel.

Eckhel Numi veteres anecdoti Seite 18 Tafel II 3 (auf der Tafel irrig Æ statt AR), danach Mionnet S. I 229 215.

Auf einem in den Carelli'schen Tafeln abgebildeten Exemplare ist am Helm der Pallas der Oelkranz sichtbar, und hinter dem Nacken steht vielleicht Ω. Auf einem anderen Exemplare fehlt der Oelkranz und das M unter dem Stier, Magnan Miscellanea numismatica Theil III Tafel 19 Nr. 2, und danach bei Mionnet S. I 230 217, wo aber irrig der Kopf als linkshin gewendet beschrieben ist.

---

3)	AR 5	Pallaskopf rechtshin, der Helm mit einem Oelkranz und einem Pegasus geschmückt.	KAΠΠANO Stier mit menschlichem Antlitz rechtshin, im Felde N, unter dem Leib des Stiers ein Vogel.

Pellerin Additions Seite 19. Der Lautwechsel des $\mu\pi$ in $\pi\pi$ ist natürlich und kommt auch sonst vor, zum Beispiel in den Aufschriften der Münzen von Lappa Cretae: ΛΑΜΠΑΙΩΝ und ΛΑΠΠΑΙΩΝ.

---

4)	AR 4	Pallaskopf rechtshin, der Helm mit einem Oelkranz geschmückt.	KAΠΠANO Stier mit menschlichem Antlitz rechtshin, unter dem Stier ein Vogel.

Nach einer Pariser Schwefelpaste welche bei Mionnet I 110 99 beschrieben, doch irrig Æ statt AR bezeichnet ist. Auch ist das von Mionnet angegebene N zwischen den Beinen des Stiers auf der Paste nicht zu erkennen, wohl aber der Vogel.

Ferner beschreibt Mionnet Supplément I 230 216 ein Exemplar mit der Aufschrift KAΠΠANO, M und einem Fisch. Die Beschreibung ist nicht genau, wir wissen nicht woher Mionnet die Münze entnommen, vermuthen aber dass unsere Nr. 1 gemeint ist, die auch den Fisch im Abschnitt hat.

---

5) Die Aufschrift HAMΓANO mit ganz deutlichem H haben zwei Exemplare welche wir in der Sammlung Santangelo gesehen haben. Abbildung oder Beschreibung derselben können wir nicht geben, da es uns nicht gestattet ward Abdrücke zu nehmen.

Für den leichten Lautwechsel von Kampano in Hampano finden sich im Oskischen einige Beispiele, wenn auch keines wo dieser Wechsel am Anfang des Wortes statt fände, '*ehtrad*' = ektra, extra; '*saahtúm*' = sactum, sanctum. Und ebenso im Umbrischen: rehte = recte, ahtu = actu, uhtur = auctor und andere (Aufrecht und Kirchhoff Umbrische Sprachdenkmäler Seite 78). Für h schrieb man auf unserer Münze H, das altgriechische Zeichen der Aspiration, wie es in HIMERA und HΥΨΑΣ auf altsicilischen Münzen erscheint. In Italien selbst kennen wir H für h auf griechischen Münzen nur in HE auf kleinen Silbermünzen von Heraclea Lucaniae; denn sonst wird h durch Ͱ ausgedrückt, zum Beispiel auf anderen Münzen von Heraclea und auf einer von Asculum. Die Aufschrift HAT auf dem Aes grave von Hatria ist lateinisch.

---

6)	AR 4	Weiblicher Kopf rechtshin, durch das Haar ist ein Band geschlungen.	ΚΑΠΠΑΝΟΣ Stier mit menschlichem Antlitz rechtshin, unter seinen Füssen vielleicht eine Schlange.

Lenormant Revue numismatique 1844 Seite 259, nach einem Exemplar der Sammlung des Herzogs von Luynes.

Hier ist die Aufschrift griechisch, und der Kopf denen der cumanischen Münzen ähnlich. Die Schlange unter dem Stier scheint uns zweifelhaft.

---

4. Uria.

Diese Stadt deren Namen auf zahlreichen Münzen steht ist historisch unbekannt. In ΥΡΙΝΑ: Surrentum zu vermuthen, wie Avellino Opuscoli Theil III Seite 99 wollte, verbietet der äusserst lose Zusammenhang der Namen, und obenein der Umstand dass niemals diese Münzen in Sorrento gefunden werden, wovon wir uns durch Nachfragen und durch die Ansicht einer dortigen nicht unbeträchtlichen Münzsammlung bei dem jetzt verstorbenen Abbate de Luca überzeugt haben. Eben so wenig darf man sie Hyria Apuliae zutheilen, wie noch neuerdings Avellino im Bullettino Napoletano Theil IV

Seite 27 gethan hat, denn dass eine einzelne apulische Münze, von Arpi, vielleicht*) dieselben Typen hat kann alle diese stets in Campanien gefundenen Münzen von Uria nicht nach Apulien hinüberziehen. Sie gehören sicher einer campanischen Stadt. Stets kommen sie mit Nolanischen vermischt zu Neapel in den Münzhandel**). Diese uns oft gegebene Nachricht haben unsere Erfahrungen bei den Münzhändlern und bei den Orefici zu Neapel bestätigt. So ist auch eine in den Carelli'schen Tafeln abgebildete Münze von Uria über eine von Neapolis geprägt.

Die Münzen von Uria haben in den Typen die auffallendste Aehnlichkeit mit den Münzen von Nola, ja sie sind zum Verwechseln gleich. Auch in der Form der Aufschriften findet grosse Uebereinstimmung statt. Es entsprechen einander: ΝΩΛΑΙΟΣ — ΥΡΙΑΝΟΣ, ΝΩΛΑΙ — ΥΡΙΝΑΙ, ΝΩΛΑ — ΥΡΙΝΑ. Nur für die älteste Form der Aufschrift ΥDΙΕΤΕϟ findet sich keine entsprechende bei Nola, nur für die jüngste Form ΝΩΛΑΙΩΝ keine bei Uria. Ein Monogramm aus Λ und Ε ist fast das einzige Beizeichen auf beiderlei Münzen. Charakter Stil Fabrik sind dieselben, nur giebt es keine Nolanischen Münzen von altem Stil. Diese Uebereinstimmung führt darauf beiderlei Münzen derselben Stadt, oder doch zwei benachbarten zu einem Staat vereinigten zuzuschreiben. Hier kommen in den Aufschriften oskische und griechische Buchstaben vermischt vor, in Phistelia prägte man zweisprachige Münzen, die Münzen der Lucaner haben oskische Aufschrift mit griechischen Buchstaben und rein griechische Aufschrift, in allen drei Fällen spricht sich also eine Vereinigung griechischer und oskischer Bewohner aus.

Wir glauben also Uria und Nola sei dieselbe Stadt oder zwei zu einem Staate vereinigte. Der ältere Name scheint Uria oder Urium gewesen zu sein, denn die ältesten Münzen haben Yrietes und Yrianos. Diese griechischen Formen beweisen dass die Stadt ursprünglich griechisch war, aber dass auch früh schon Samniten sie mitbewohnten zeigt in der ältesten Aufschrift ΥDΙΕΤΕϟ das D, das oskische '*r*'. D steht auf altgriechischen Münzen Italien's niemals für Ρ, ϟ ist das oskische S, denn für ein altgriechisches gebrochenes Ι kann man es hier, des anderen Ι wegen, nicht nehmen. ΥΡΙΝΑ und ΥΡΙΝΑΙ sind Abkürzungen für ΥΡΙΝΑΙΟΣ oder ΥΡΙΝΑΙΩΝ. Auch die Form Oria scheint für den Stadtnamen in Gebrauch gewesen zu sein, denn manche Münzen haben Ẏ̇ΡΙΝΑ, und das Ẏ steht im Oskischen für O. Neben der älteren Stadt Uria erhob sich Nola; '*Núvlú*' nennt sie der cippus Abellanus. Es liegt nahe, bei der häufig wiederkehrenden Endung '*lú*' der oskischen Städte Campaniens, (Atella Suessula Saticula und andere) in '*Núvlú*' den Stamm novus zu erkennen, '*Núvlú*' also Neustadt zu übersetzen, ein Name der keinen Sinn hätte, wenn

*) Wir vermuthen dass diese angebliche Münze von Arpi (Opuscoli I Tafel I 4) nicht die Aufschrift *ΑRΠΑΝΟΣ* sonder *(Κ)ΑΠΠΑΝΟΣ* hat.

**) Der Fund von 1807, von welchem Millingen Considérations Seite 137 spricht, darf hier auch angeführt werden, obwohl er ausser Münzen von Nola und Uria auch Münzen anderer campanischen Städte enthielt.

er nicht auf eine Altstadt sich bezöge, mögen sie neben einander oder nach einander bestanden haben. Palaiopolis und Neapolis haben ja dieselbe Beziehung zu einander. Und wie in Neapolis der eine Name Palaiopolis sich verlor, ebenso ging in Nola der ältere Name Uria unter. Dass keine der Nolanischen Inschriften den Namen Uria bewahrt hat erklärt sich daraus dass sie alle verhältnissmässig neu sind. Und der Namenwechsel muss schon sehr früh stattgefunden haben, das beweist der Stil der Münzen von Uria, die wohl alle vor dem Jahre 350 vor Christus geprägt sind. Daraus mag sich auch erklären dass die Geschichtschreiber den alten Namen nicht mehr kannten. Aber eben der Umstand dass eine Stadt welche so viele Didrachmen prägte, also reich und mächtig war, historisch unbekannt ist, spricht dafür dass der Name auf diesen Münzen ein älterer untergegangener Name einer bekannten Stadt ist.

Die Münzen bestätigen unsere Hypothese, die Münzen von Nola sind alle von schönem Stil, wir kennen keine von altem, wohl aber sind die mit der Aufschrift YDIETE$ und andere von Uria sehr alt. Keine Münze von Uria hat die Victoria über dem Stier, eben so wenig wie sie sich auf den ältesten Münzen von Neapolis findet; es giebt keine kleineren Silbermünzen von Uria, wohl aber von Nola; keine bronzenen von Uria, wohl aber von Nola, und es ist bekannt dass Drachmen, Obolen, und Bronze-Münzen in Italien jünger sind als Didrachmen. Von den Aufschriften haben wir schon gesprochen, ein anderes Beispiel von dem frühen Gebrauch griechischer Schrift bei oskischer Sprache geben die Münzen mit KAMΠANO und ähnlichen Aufschriften. Nur von Uria kennen wir die alte Form YDIETE$, nur von Nola die jüngste NΩΛAIΩN*). Der Einfluss des Oskischen welcher auf den Münzen von Uria deutlich hervortritt, ist auch auf denen von Nola noch nicht ganz verschwunden. Er zeigt sich in rückläufigen Aufschriften, und in der nicht ganz seltenen Form NΩΛAIΩIN welche, wenn sie sich auch nicht durch die oskische Grammatik erklären lässt, doch sicher nicht griechisch ist. Auch ist diese Aufschrift nach oskischer Art rückläufig geschrieben. Die vielen oskischen Inschriften gerade von Nola zeigen dass diese Sprache dort lange in Gebrauch blieb. Es scheint also dass Uria zuerst allein prägte, dann Uria und Nola zu gleicher Zeit, endlich Nola allein.

Die Bronze-Münzen mit der Aufschrift YPIATINΩN gehören, wie Typen und Fundort zeigen, nach Hyria Apuliae. Die Bronze-Münzen mit der Aufschrift IDNΘI und IDNΘIᖷ und ähnlichen gehören, wie wir glauben, nicht nach Uria. Welche Aehnlichkeit hätte Irnϑi mit Uria? Oskisch ist die Aufschrift keinesfalls, Θ ist hier meistens das radförmige etruskische, und dies ist ein unoskischer Buchstab. Ja selbst dass die Münzen campanisch sind scheint uns nicht ausgemacht.

*) Sestini Lett. VIII Seite 29 führt ein Exemplar der Königlichen Sammlung mit der Aufschrift *NΩΛAIΩN* an, dies ist irrig, es steht *NΩΛAIOΣ* darauf.

Wir stellen nun die Münzen von Uria nach den vier Aufschriften zusammen. Zuerst die Aufschrift YDIETES. Dann YPIANOΣ, die stets rein griechisch geschrieben ist; ein Exemplar hat YDIAΛΛΣ, was wir nicht zu erklären wissen, Avellino versichert die Aufschrift gesehen zu haben, sonst könnte man an YDIAΔΑΣ denken. Dann die Münzen mit der Aufschrift YDINAI, in der das D zuweilen wie ▷ geformt ist, YDINAI steht wahrscheinlich für YPINAIOΣ. Zuletzt YPINA; dies sind die zahlreichsten Münzen, diese Aufschrift ist die am meisten oscisirte, sie allein steht rückläufig; die Buchstaben schwanken sehr, Y ·Ẏ Ý, D ▷ P, И A. Es ist nicht möglich alle kleinen Formabweichungen durch den Druck darzustellen. Zuweilen ist die Aufschrift auch ganz verwildert, zum Beispiel YDNYA. Die beiden letzten Münzen haben die nämliche Aufschrift YPINA bei anderen Vorderseiten.

---

1)	AR 5	Pallaskopf rechtshin, mit einfachem Helm.	Stier mit menschlichem Antlitz, rechtshin schreitend, den Kopf gesenkt, den linken Vorderfuss erhoben, darüber YDIETES, zwischen den Beinen des Stiers A, und ↓ wie es scheint.

Museum Hunter Tafel 62 Nr. XIX. Die Form YDIETES entspricht der Form NEOΠOλITES auf den ältesten Münzen von Neapolis. D ist das oskische 'r'. Auf das Zeichen ↓ ist kein Werth zu legen, da es auf der Abbildung bei Hunter, der einzigen die wir kennen, auch wohl ein Zierrath oder eine Pflanze sein kann.

---

2)	AR 4	Pallaskopf linkshin, der Helm mit dem Olivenkranz und der Eule geschmückt.	Stier mit menschlichem Antlitz rechtshin schreitend, darüber YPIANOΣ.

Königliche Sammlung. Ein zweites Exemplar hat vielleicht noch Δ hinter dem Halse des Pallaskopfs. Andere Exemplare haben den Pallaskopf rechtshin.

Ein Exemplar mit YDIAΛΛΣ rückläufig, beschreibt Avellino Italiae numismata Seite 52 Nr. 12, vielleicht stand dort YDIAΔΑΣ.

---

3)	AR 4	Pallaskopf linkshin, der Helm mit dem Olivenkranz und der Eule geschmückt.	YDINAI Stier mit menschlichem Antlitz, linkshin stehend.

Königliche Sammlung. Andere Exemplare haben den Pallaskopf rechtshin, und die Aufschrift Y▷INAI.

---

4)	AR 4	Pallaskopf linkshin, der Helm mit dem Olivenkranze und der Eule geschmückt.	Stier mit menschlichem Antlitz linkshin, darüber ẎPINA.

Pallaskopf und Stier sind auch öfters rechtshin gewendet. Die Aufschrift wechselt sehr: ẎPINA, YDINA, Y▷INA, dann rückläufig: Y▷INЯ, YDINЯ, Y▷IИA, ẎDINЯ. Alle diese Aufschriften enthalten oskische Buchstaben, D kann hier nur das oskische '*r*' sein; die retrograde Aufschrift YDINЯ ist rein oskisch. Ein Exemplar der Königlichen Sammlung hat die Aufschrift ЯИE◁Y. Auch kommen noch manche andere kleine und unwesentliche Abweichungen vor. YDINI hat Avellino Italiae numismata Seite 52 Nr. 9 nach Magnan, ..INE Avellino Suppl. ad Italiae num. Seite 50 Nr. 28. Selten steht ein Monogramm aus Λ und E (zuweilen wird es, wohl irrig, als aus A und E bestehend beschrieben) zwischen den Beinen des Stiers, einmal steht es zugleich auf der Vorderseite, Avellino Suppl. ad Italiae num. Seite 24 Nr. 24. Ein Exemplar der Königlichen Sammlung hat Γ hinter dem Halse des Pallaskopfes. Ein Exemplar, bei Fiorelli Osservazioni Tafel I Nr. 2 abgebildet, mit der rückläufigen Aufschrift YPINA hat einen kleinen Vogel zwischen den Beinen des Stiers, wie er sich ähnlich auf den Münzen der Campani findet.

---

5)	AR 4	Weiblicher Kopf rechtshin mit breitem Stirnband und Ohrring.	Stier mit menschlichem Antlitz, rechtshin stehend, darüber rückläufig YDINA.

Museum Hunter Tafel 62 Nr. XVI. Ein anderes wenig abweichendes Exemplar ist in Carelli's Tafeln abgebildet.

---

6)	AR 5	Junokopf von vorn, mit einem breiten Diadem welches mit zwei geflügelten Seepferden und einer Palmette geziert ist, um den Hals eine Perlenschnur.	Stier mit menschlichem Antlitz rechtshin, darüber rückläufig YDINA.

Königliche Sammlung. YDINAI bei diesem Kopf, Avellino Italiae num. Seite 52 Nr. 8 nach Ignarra, bedarf wohl der Bestätigung. Ein Exemplar bei Hunter Tafel 62 Nr. XV hat Γ neben dem Diadem des Kopfs der Vorderseite. Der Junokopf kommt genau gleich, auch in den Zierrathen des Diadems, auf Münzen von Neapolis, von Posidonia, auch von Croton, und auf der Münze mit '*freternum*' vor.

III. Frentani und Nord-Apulien.

1. Frentrum.

Man hat die hier zu beschreibende Münze bisher den Frentanern zugetheilt, allein ihre oskische Aufschrift '*frentrei*' entspricht weder im Wortstamm ganz dem lateinischen Namen Frentani*), noch lässt sich in der Endung '*ei*' eine oskische Pluralform, wie sie doch eine Volksmünze erfordert, erkennen. Auch ist es gar nicht wahrscheinlich dass die Frentaner gemeinschaftliche Münzen geprägt haben; denn alle oskischen Volksmünzen, die der Campaner der Lucaner der Mamertiner, ebenso wie die griechischen Münzen der samnitischen Bruttier Mamertiner und der Campaner in Sicilien, gehören samnitischen Colonien an, welche sich im fremden Lande angesiedelt hatten, und daher wohl Veranlassung fanden ihrer Stämme Namen festzuhalten. In den heimathlichen Ländern haben die Osker eben auch nur Städtemünzen geprägt; die Bundesgenossen-Münze mit '*safinim*' ist unter besonderen Verhältnissen entstanden.

Können wir also den Frentanern diese Münze nicht zutheilen, so weist doch ihr Fundort in die Gegend jenes Volks; wir haben mehrere Exemplare, sie sind überhaupt nicht häufig, zu Larino Lanciano Agnone Vasto und anderen Orten der Abruzzen-Küste gesehen.

*) In einer römischen Inschrift (Gruter 240) findet sich, doch nicht ganz sicher, der Beiname Frentranus; bestätigte er sich so hätte der Volksname lateinisch nicht allein Frentanus sondern auch Frentranus geheissen, und dann fiele dieser Grund fort, die Münze den Frentani zu versagen.

Die Form '*frentrei*' ist ein Locativ der zweiten Declination, wie die lateinisch geschriebene ꓦADINEI des benachbarten Larinum. '*frentrei*' führt also auf eine Stadt '*frentrum*'. Nun werden aber auch bei den Schriftstellern die Larinaten und Frentaner häufig neben einander genannt wie Bewohner zweier Städte. Man würde sie nicht so coordiniren, wäre der eine Name der des Volks, der andere der des Hauptorts. Besonders entscheidend sind die Worte des Livius (Buch IX Cap. 16): Frentanos vicit urbemque cepit. Danach gab es also wohl eine Stadt Frentrum, und dieser theilen wir diese Münzen zu.

Millingen hat ohne genügende Gründe die Münzen nach Ferentum oder Forentum Apuliae gegeben. (Considérations Seite 180).

Die Münze mit der noch nicht gesicherten Aufschrift '*freternum*' wird unter den unbestimmten besprochen.

Æ 3	'*frentrei*' Mercurkopf mit dem Flügelhut linkshin, dahinter Caduceus.	Pegasus linkshin sprengend, darunter ein Dreifuss, im Abschnitt '*frentrei*'.

Unter den fünf Exemplaren der Königlichen Sammlung haben zwei hinter dem Mercurkopfe den Caduceus. Gleiche haben Avellino Suppl. ad Italiae num. Seite 5 und Sestini Lettere V Seite XXXIII beschrieben. Diese Münzen sind von feiner und sauberer Arbeit.

---

2. Larinum.

Die Aufschriften der Münzen von Larinum sind: eine griechische, ΛΑΡΙΝΩΝ, und zwei mit lateinischen Buchstaben, ꓦADINOD und ꓦADINEI. Eine Münze mit der Aufschrift ꓦADINOM hat Eckhel in der Sammlung des Abbé Chaupy in Rom selbst gesehen, die Typen giebt er nicht an. (Doctrina I Seite 107). Die Aufschriften ꓦADINOD ꓦADINEI ꓦADINOM sind in lateinischer Schrift geschrieben, man kann also auch nicht Larinor Larinei Larinom lesen, sondern muss dies D für d nehmen, und daraus folgt dass die Stadt auch Ladinum geheissen habe neben Larinum. Auch in anderen Wörtern ist r in d verwandelt, so im Lateinischen arvorsum = advorsum, und umgekehrt d in r in meridies = medius dies (Varro VI 4). Die Zeichen für r und d wechseln ja auch, R ist das oskische d, D das oskische r.

Es fragt sich nun ob die Aufschriften ꓦADINOD ꓦADINEI ꓦADINOM, welche in lateinischer Schrift geschrieben sind, lateinisch oder oskisch sind. ꓦADINOD könnte der Form nach wie Benventod ein lateinischer Ablativ sein, allein die Stadt liegt im oskischen Sprachgebiet, die rein oskischen Münzen von Frentrum sind in ihrer Nähe geprägt, und sie hatte keine Veranlassung lateinische Sprache auf ihren Münzen zu brauchen. Erst durch den Frieden nach dem Socialkriege ward sie römisch, also viel später als diese Münzen geprägt sind. Es ist also wahrscheinlich dass ꓶADINOD die lateinisch geschriebene oskische Form '*ladinúd*' ist, der Ablativ der zweiten Declination wie '*tianud*', nur ist O statt '*ú*' gesetzt, weil man eben lateinisch schrieb. ꓶADINEI könnte als lateinische Form nur für ꓶADINI, den Genitivus loci, stehen, dieser ist aber als lateinische Münzaufschrift unerhört, denn die angebliche Aufschrift ꓶOVKDEI auf Münzen von Luceria ist noch keineswegs gesichert*). Es ist demnach ꓶADINEI wie '*frentrei*' der oskische Locativ der zweiten Declination, so dass dabei cusus zu ergänzen ist. Die oskischen Münzen haben überhaupt die Stadtbezeichnungen auf mannichfaltigere Weise als die der Griechen und Römer. ꓶADINOM, wäre diese Aufschrift sicher, kann nur der Genitiv Pluralis des Gentilnamens sein wie ΛOVKANOM. Zwar scheinen die Römer nur Larinates als Gentilnamen gebraucht zu haben, allein da uns die Aufschrift ΛΑΡΙΝΩΝ der ersten Münze eine kürzere griechische Form des Gentilnamens zeigt, so wird wohl in ꓶADINOM dieselbe kürzere Form, hier oskisirt, zu erkennen sein. Ebenso geben uns die Münzen der Lucaner in den Aufschriften ΛΥΚΙΑΝΩΝ und ΛOYKANOM zwei verschiedene Formen.

Die Münzen von Larinum sind 1) eine griechische mit den Typen des Apollokopfes und des Stiers mit menschlichem Antlitz; 2) eine Reihe von Astheilen mit oskischer Aufschrift in lateinischen Buchstaben. Vergleichen wir damit die Münzen des nahegelegenen Teate oder Teanum, so finden wir in Teate 1) eine oskische mit den Typen des Apollokopfes und des Stiers mit menschlichem Antlitz; 2) eine Reihe von Astheilen, mit oskischer Aufschrift in lateinischen Buchstaben. Es folgt daraus dass in beiden Städten die ältere Münze mit dem Apollokopf und Stier, übereinstimmend nach campanischen Typen geprägt, je nach Verschiedenheit der herrschenden Sprache, in Larinum griechische, in Teate oskische Aufschrift erhielt. Später behielt Teate seine oskische Sprache bei, drückte sie aber durch lateinische Lettern aus, in Larinum drang aus der Umgebung die oskische Sprache ein, aber die lateinische Schrift kam mit den Münztypen von Luceria. Vergleichen wir nämlich die oskisch-lateinische Münzreihe von Larinum mit der Reihe der Astheile von Luceria, so finden wir auf den Vorderseiten folgende Köpfe:

	Larinum.	Luceria.
Quincunx.	Pallas.	Pallas.
Triens.	Jupiter.	Hercules.
Quadrans.	Hercules.	Neptun.
Sextans.	Juno.	Juno.

*) Avellino Bull. Nap. I Seite 129.

	Larinum.	Luceria.
Uncia.	Apollo.	Apollo.
Semuncia.	Diana.	Diana.

Es haben also vier von den sechs Stücken übereinstimmende Vorderseiten, nur Triens und Quadrans nicht. Die Kehrseiten weichen meistens von einander ab, doch ist der Delphin auf der Kehrseite des Sextans von Larinum dem Quadrans von Luceria entnommen. Auch die Münze Nr. 9 von Larinum, welche nicht in diese Reihe gehört, hat auf der Kehrseite den Typus des As von Luceria. Ueberdies sind die Münzen von Larinum und Luceria auch im Technischen wie im Stil einander höchst ähnlich. Eine Verwandschaft dieser beiden nicht weit von einander liegenden Städte ist also unläugbar, und dadurch glauben wir das Eindringen des lateinischen Alphabets in Larinum, von Luceria her, hinreichend erklärt.

Das Zeichen V auf manchen Exemplaren der Münzen Nr. 2 3 4 5 ist noch nicht erklärt. Das angebliche Zeichen ꟅV auf Nr. 2 beruht auf Irrthum.

---

1) Æ $4\frac{1}{2}$	Lorbeerbekränzter Apollokopf rechtshin, davor ΛΑΡΙΝΩΝ.	Stier mit menschlichem Antlitz rechtshin, darüber eine schwebende Victoria, welche ihn bekränzt.

Fiorelli monete inedite Seite 23 Tafel III Nr. 7 publicirt diese wichtige Münze, die einzige dieser Stadt mit griechischer Aufschrift. Er sagt, dies Exemplar, früher in der Sammlung des Duca di Noja jetzt in der des Museo Borbonico, sei das nämliche welches Ignarra de palaestra Neap. Seite 257 beschrieben hat. Damit fallen denn die ungenauen Beschreibungen nach Ignarra bei Mionnet I 110 98 und S. I 229 213, und bei Eckhel Doctrina I Seite 108. Wir haben uns selbst im Museo Borbonico von der Richtigkeit der Fiorelli'schen Lesung überzeugt. Der Typus der Kehrseite, so häufig er auf Münzen westlich vom Apennin ist, kommt ausser auf dieser Münze und der vorn erwähnten von Teate nicht östlich vom Gebirge vor. Eine Silbermünze von Arpi mit diesem Typus, welche Avellino Opuscoli Tafel I Nr. 4 abbildet, gehört wohl eher den Campani, wir glauben dass statt ΑΡΠΑΝΟΣ: (Κ)ΑΠΠΑΝΟΣ zu lesen ist.

---

2) Æ 6	Pallaskopf rechtshin.	Reiter linkshin sprengend, er ist mit Helm Schild und Lanze bewaffnet, ein Mantel fliegt ihm an den Schultern, auf dem Schild ist ein Blitzstrahl dargestellt. Unter dem Pferd ꓘADINOD. Im Abschnitt fünf Werthkugeln. Quincunx.

Unter drei Exemplaren der Königlichen Sammlung hat eins hinter dem Kopf des Reiters noch das Zeichen V, welches sich auch auf mehreren der folgenden Münzen findet. Mionnet I 110 97 giebt an, es stünden auf einem Exemplar an dieser Stelle die Zeichen SV (so), dies ist ein Irrthum, er hat den herabhängenden Helmbusch für S angesehen; wir haben das von ihm beschriebene Exemplar in einer Schwefelpaste vor uns.

Cavedoni will in dem Reiter den Larinaten Oplacus Ulsinius erkennen welcher nach der Erzählung des Plutarch im Pyrrhus, während des Kriegs der Römer gegen Pyrrhus bei einem persönlichen Angriff auf den König umkam. Siehe Avellino Bullettino Napoletano Theil I Seite 97 und Theil IV Seite 71.

---

3)	Æ 6	Lorbeerbekränzter Jupiterkopf rechtshin.	ꓥADINOD Adler rechtshin auf einem Blitz stehend, darunter vier Werthkugeln, neben dem Kopf des Adlers V. Triens.

Dem hier abgebildeten Exemplar der Königlichen Sammlung ist auf der Kehrseite ein kleiner Stempel mit einem Stern eingeschlagen. Auf einem Exemplar bei Hunter (Tafel 32 VII) und bei Mionnet (S. I 228 208) fehlt das V neben dem Adlerkopfe. Ein anderes Exemplar angeblich mit drei Werthkugeln bei Mionnet S. I 229 209 ist nicht glaubwürdig, da der Quadrans andere Typen hat.

---

4)	Æ 5	Bärtiger Herkuleskopf rechtshin, mit der Löwenhaut bedeckt.	Centaur mit einem Zweig auf der Schulter rechtshin sprengend, darunter ꓥADINOD, im Abschnitt drei Werthkugeln, neben dem Kopf des Centauren V. Quadrans.

Auf einem der Exemplare der Königlichen Sammlung fehlt V auf der Kehrseite, so auch bei Mionnet I 109 94.

---

5)	Æ 4—5	Junokopf rechtshin, mit einem Schleier.	Delphin rechtshin, darunter ꓥADINOD und zwei Werthkugeln, über dem Delphin V. Sextans.

Zwei Exemplare in der Königlichen Sammlung. Ein Exemplar im Museum Sanclemente Theil I Seite 224, danach Mionnet S. I 229 214, hat angeblich die Aufschrift ΛADINOD. Allein Sanclemente sagt: das Λ stände über dem Delphin, daraus geht deutlich hervor dass das ꓥ zufällig fehlte und dass Sanclemente das

Zeichen V, für der Anfangsbuchstaben Λ nahm, indem er glaubte die Aufschrift sei rund umher geschrieben.

---

6)	Æ 3	Lorbeerbekränzter Apollokopf rechtshin.	ᛚADINOD zu beiden Seiten eines Füllhornes, unten eine Werthkugel. Uncia.

In der Königlichen Sammlung, Mionnet S. I 229 210.

---

7)	Æ 2	Dianakopf rechtshin, an der Schulter Bogen und Köcher.	Jagdhund rechtshin laufend, darüber eine Fackel, oben und unten vertheilt die Aufschrift ᛚADINOD, unter der unteren Aufschrift ein Strich.

Unsere Abbildung giebt das Exemplar des Baron Magliano zu Larino; ein anderes mit einem Jagdspiess statt der Fackel beschreibt Avellino Opuscoli Theil II Seite 23 Nr. 22 und vorher in dem Supplementum ad Italiae num. Seite 5. Daraus entnahm Mionnet S. I 229 211 diese Münze, setzt aber irrig drei Werthkugeln der Beschreibung hinzu, indem er Avellino's Worte: infra... misverstand.

---

8)	Æ 4	Pallaskopf rechtshin.	Blitz, darüber ᛚADINOD.

Unsere Abbildung stellt das Exemplar dar welches wir bei dem Baron Magliano zu Larino gesehen haben, es ist in Avellino's Bullettino Theil IV Seite 29 und Tafel I Nr. 4 publicirt. Werthkugeln hat diese Münze nicht, die folgende hat ebenfalls keine.

Fiorelli monete inedite Seite 23 erwähnt ein anderes Exemplar der Sammlung Santangelo mit der Aufschrift ᛚADINO, wahrscheinlich ist das letzte D nur undeutlich.

---

9)	Æ 4	Pallaskopf linkshin.	Pferd rechtshin galoppirend, darüber ein Stern, darunter ᛚADINEI.

Diese Münze hatte zuerst Ramus im Museum Regis Daniae Seite 30 Tafel I Nr. 6 publicirt, und richtig attribuirt obwohl die Aufschrift unvollständig war; Avellino bezweifelte diese Zutheilung als er ein anderes ebenfalls unvollständiges Exemplar in den Opuscoli II Seite 127 bekannt machte; ebenso Sestini Descrizione di molte medaglie in più musei Seite 5; Vincenzo de Ambrosio vervollständigte die Aufschrift im Bullettino dell' instituto 1836 Seite 134 bis auf den letzten Buchstaben, und ebenso gab sie Avellino im dritten Theil der Opuscoli Seite 92 und Tafel VII Nr. 2; endlich hat Fiorelli in seinen Monete inedite, Seite 17 Anmerkung, die ganze Aufschrift gegeben; und auf einem Exemplar bei dem Principe di San Giorgio haben wir sie selbst deutlich gelesen, wie sie auf unserer Tafel abgebildet ist. ꟸADINEI ist der lateinisch geschriebene oskische Locativ der zweiten Declination.

Sestini Descrizione di molte medaglie in più musei Seite 4 Nr. 6 Tafel I Nr. 8 hat die folgende angebliche Münze von Larinum edirt:

Æ $3\frac{1}{2}$	ꟸADINOD Pallaskopf rechtshin, darüber V.	Centaur rechtshin in beiden über den Kopf erhobenen Händen einen Baumstamm haltend darunter ein Monogramm aus M A F wie auf dem Semis der Familie Aufidia, A und F bilden zusammen auch das V.

Sestini sagt, dies sei ‚die Münze welche im Wiczay'schen Katalog I Nr. 7251 beschrieben ist. Dort, Seite 337, hat Caronni, welcher den Katalog verfasste, auf der Vorderseite nur ..Δ...S gelesen. Nun war zwar Caronni keineswegs sorgfältig, allein Sestini hat sich so oft beim Lesen undeutlicher Aufschriften getäuscht, hat sich so oft willkürliche Zutheilungen erlaubt, dass wir diese angebliche Münze von Larinum nicht für glaubwürdig halten können. Der Pallaskopf in Sestini's Abbildung weicht ganz ab von dem Larinatischen, ein Monogramm kommt auf diesen Münzen sonst nie vor, dem von Caronni angegebenen Buchstaben entspricht Sestini's Lesung durchaus nicht. Vermuthlich gehörte diese Münze gar nicht Larinum an, der Centaur welcher sich, abweichend, auf der Münze Nr. 4 findet, hat wohl Sestini verführt, in einigen undeutlichen Buchstaben ꟸADINOD zu sehen.

---

3. Teate.

Während die Münzen von Larinum theils griechische Aufschrift theils oskische in lateinischer Schrift haben, finden wir in Teate theils die rein oskische '*tiiatium*', theils TIATI. Beiderlei Münzen können nicht dem Marrucinischen Teate, jetzt Chieti, angehören; die oskische nicht, weil dieses Teate ausserhalb des oskischen Gebiets liegt, die Münzen mit TIATI nicht weil sie nicht in Chieti und den Abruzzen sondern immer in Apulien gefunden werden; dies können wir aus eigener Erfahrung bestätigen. Beiderlei Münzen führen also auf die Apulische Stadt Teate. Mommsen hat mit grosser Wahrscheinlichkeit nachgewiesen dass Teate Apulum und Teanum Apulum identisch sind, beides sind nur verschiedene Formen für den Namen der am Fronto gelegenen Stadt. Und diese Annahme wird dadurch bestätigt dass nach einer Mittheilung des Herrn de Ambrosio im Bullettino dell' Instituto 1836 Seite 110, gerade in dieser Gegend die Münzen mit TIATI sehr häufig gefunden werden. Sehr wohl kann diese Stadt, auf der Gränze der oskischen Frentaner gelegen, auf ihren Münzen oskische Sprache gebraucht und später, bei zunehmender Herrschaft des Lateinischen, die oskische Aufschrift lateinisch geschrieben haben. Solcher Wechsel der Schrift, ja der Sprache selbst, auf den Münzen der nämlichen Stadt ereignete sich in Italien sehr häufig. So hat Teanum Sidikinum zuerst rein oskische dann rein lateinische Münzen.

Wir haben bei Larinum auf die Uebereinstimmung der Typen der ersten Münze von Larinum und der ersten von Teate hingewiesen.

Die oskische Aufschrift '*tüatium*' führt darauf in TIATI dieselbe oskische Form, nur lateinisch geschrieben (wie die Münzaufschriften von Larinum) und abgekürzt, zu erkennen, den Genitiv Pluralis des Gentilnamens.

De Ambrosio am angeführten Orte und Avellino Opuscoli Theil III Seite 115 führen einen Sextans mit TIATI an, auf dem ein M im Felde steht welches an einem der oberen Winkel eine kleine Verlängerung hat, und wollen darin ein Monogramm aus V und M sehen, so dass die ganze Aufschrift TIATIVM heisse. So wünschenswerth das auch wäre, es ist ganz unerwiesen, denn ein Monogramm inmitten eines sonst ausgeschriebenen Stadtnamens ist ganz ungewöhnlich. Wir halten das M für ein Beizeichen, wie auch K und ⊬ (siehe Riccio Luceria Seite 21) vorkommen. Man kennt als solche Beizeichen auf Münzen von Teate die im Alphabet einander folgenden Buchstaben K ⊬ M. Das ⊬ hat dieselbe Form wie auf den Münzen von Larinum.

Die Münzen mit der Aufschrift TIATI sind theils silberne, Didrachme und Drachme, theils kupferne. Die Reihe der letzteren besteht aus einem grossen Stück und dann aus Quincunx Triens Quadrans Sextans und Unze. Diese fünf Astheile haben die nämlichen Typen: Pallaskopf und Eule. Ausserdem kennen wir noch einen Quincunx und einen Quadrans mit anderen Typen. Die grosse Münze hat zuweilen ein N im Felde, ebenso haben Münzen von Venusia N·I und N·II.

Die Typen der silbernen und kupfernen Münzen mit TIATI weisen nach Apulien, ja die Didrachme und eine der kupfernen sind genaue Nachbildungen Tarentinischer Münzen.

Die oskische Münze.

Pellerin hatte im dritten Supplément Seite 95 und Tafel IV Nr. 2 eine Münze publicirt mit der rechtläufigen Aufschrift ⱵHYPTANTIA; er hatte sie der Stadt Murgantia Samnii zugetheilt. Bei der überaus grossen Seltenheit dieser Münze musste Eckhel, da er nie ein Exemplar selbst gesehen, der Pellerin'schen Attribution folgen. Erst Millingen bezweifelte die Richtigkeit der Lesung als er das Pellerin'sche Exemplar in der Pariser Sammlung untersuchte, und sprach in den Considérations Seite 180 die Vermuthung aus dass ⱵHV die Endung einer rückläufigen Aufschrift sei. Avellino endlich fand auf dem wohlerhaltenen Exemplar des Museo Borbonico die richtige Lösung. Das IA ist auf der Pellerin'schen Münze nicht vorhanden, wie die uns vorliegende Schwefelpaste zeigt, und statt rechtläufig: ⱵHYPTANT
ist rückläufig: ⱵHVITИIIT
zu lesen. In seinem Bullettino Theil IV Seite 25 machte Avellino diese treffliche Berichtigung bekannt. Hier folgt die Beschreibung.

1)	Æ 5	'*tiiatium*' Lorbeerbekränzter Apollokopf linkshin.	Stier mi menschlichem Antlitz rechtshin, darüber ein Blitz.

Unsere Abbildung ist nach der Schwefelpaste des Pellerin'schen Exemplars, welches sich jetzt in der Pariser Sammlung befindet, gemacht. Ein gleiches ist im Museo Borbonico, nur hat es N unter dem Blitzstrahl. Ein drittes Exemplar ist in der Sammlung Santangelo. Zwei andere Exemplare befanden sich angeblich, als Münzen von Murgantia, in der Sammlung des Grafen Tiberio in Vasto, so schreibt der Parocco Capozzi im Anhang zu Ciarlanti memorie storiche del Sannio ed. sec. Campobasso 1823 Theil V Seite 196. Eines derselben erhielt später der Giudice Chiarizia in Arienzo.

Münzen mit der Aufschrift TIATI.

2)	AR 5	Weiblicher Kopf mit Haarband und Ohrring, linkshin.	Reitender Knabe, rechtshin, ein Diadem um das Haupt, er hält einen Kranz über den Kopf des Pferdes, im Felde steht TIATI, und als Beizeichen A, zwischen des Pferdes Beinen ist ein Delphin.

Königliche Sammlung. Das gleiche Exemplar dieser Münze welches Avellino im Giornale numismatico Theil II Seite 18 Tafel I Nr. 4 und darauf in den Opuscoli Theil II Tafel 4 Nr. 2 bekannt machte, erklärte Mionnet (Suppl. I 269 489), ohne es gesehen zu haben, für eine mit dem Grabstichel verfälschte Münze von Tarent. Schon Avellino's Namen hätte dies verhindern sollen. Seitdem haben sich noch andere Exemplare gefunden, eins hat der Principe di San Giorgio in den Monumenti inediti Tafel 8 Nr. 2 abgebildet, es ist dem unsrigen gleich, nur fehlt das A im Felde der Kehrseite.

Eine zweite abweichende Münze beschreiben wir hier nach Avellino Opuscoli Theil II Seite 66 Nr. 57, wo leider die Abbildung fehlt:

AR 5	Weiblicher Kopf mit Stirnband linkshin, daneben ein Monogramm (das nicht näher bezeichnet ist).	TIATI in einer Reihe, derselbe Typus wie Nr. 2 ohne das A im Felde.

Der Stil dieser Münzen ist ziemlich roh. Die Typen stimmen mit den späteren Tarentinischen überein; bei dem Münzenreichthum des mächtigen Tarent kann solche Nachahmung selbst von Seiten einer entlegenen Stadt nicht auffallen.

---

3) AR 3)	Jugendlicher Kopf rechtshin.	TIATI Eule rechtshin, mit angelegten Flügeln auf einem Zweige stehend, neben ihren Füssen ein Δ oder eher ein Dreieck.

Der Principe di San Giorgio beschreibt in den Monumenti inediti Seite 109 Tafel 8 Nr. 1 diese sonst unbekannte Münze; er bezeichnet den Kopf der Vorderseite als weiblich, uns scheint das kurze Haar und das Fehlen des Ohrrings eher einem jugendlichen männlichen Kopf zu entsprechen. Drachmen von Velia haben die nämlichen Typen. Kein zweites Exemplar dieser Münze ist uns bekannt.

---

4) Æ 9	Lorbeerbekränzter Jupiterkopf rechtshin.	TIATI Adler mit ausgebreiteten Flügeln rechtshin auf einem Blitz stehend, im Felde N, darüber ein Stern.

Königliche Sammlung. Der Stern fehlt auch öfters. Das N scheint eine Werthbezeichnung zu sein, denn grosse Kupfermünzen des ebenfalls apulischen Venusia haben einige N · I, andere N · II. Der Sinn dieser Werthbezeichnung ist unbekannt.

5) Æ 7	Pallaskopf rechtshin, über dem Helm fünf Werthkugeln.	TIATI Eule mit angelegten Flügeln rechtshin auf einem Korinthischen Capitell stehend, rechts im Felde fünf Werthkugeln, darüber ein Stern. Quincunx.

Königliche Sammlung. Statt des Sterns auf der Kehrseite findet sich auch ein Halbmond.

Die folgenden Münzen haben keine Werthkugeln auf der Vorderseite.

6) Æ 7	Pallaskopf rechtshin.	TIATI Eule mit angelegten Flügeln rechtshin auf einem Stab stehend, darunter fünf Werthkugeln. Quincunx.

Königliche Sammlung. Andere Exemplare haben im Felde der Kehrseite einen Blitz oder einen Kranz oder einen Zweig.

---

7) Æ 5	Pallaskopf rechtshin.	TIATI Eule mit angelegten Flügeln rechtshin stehend (ohne den Stab), darunter vier Werthkugeln, rechts im Felde K. Triens.

In dem Kupferwerke über die Pembroke'sche Sammlung Theil II Tafel 30 abgebildet. Wir kennen nur diesen Triens mit Pallaskopf und Eule, und einen zweiten welchen Mionnet S. I 218 152 beschreibt ohne seine Quelle anzugeben. Der letztere weicht von dem Pembroke'schen darin ab dass das K fehlt und die Eule auf dem Stab steht. Da bei nicht ganz erhaltenen Exemplaren die Zahl der Kugeln schwer zu erkennen ist, wäre es immer möglich dass beide Münzen Quincunces waren.

---

8) Æ 6	Pallaskopf rechtshin.	TIATI Eule mit angelegten Flügeln rechtshin auf einem Stab stehend, darunter drei Werthkugeln. Quadrans.

Königliche Sammlung. Ein Exemplar der Friedlaender'schen Sammlung hat im Felde der Kehrseite einen Zweig, eins bei Avellino numismata Italiae Seite 14 Nr. 4 einen Kranz.

Einen angeblichen Quadrans mit der Eule auf dem Capitell, welchen Avelllino Italiae num. S. 14 Nr. 6 nach Gessner Numi Populorum Seite 340 anführt, halten wir für einen schlecht erhaltenen Quincunx, weil das Capitell, soviel wir wissen, sonst nur auf dem Quincunx vorkommt.

---

9) Æ 4	Pallaskopf rechtshin.	TIATI Eule mit angelegten Flügeln rechtshin auf einem Stab stehend, darunter zwei Werthkugeln. Sextans.

Königliche Sammlung. Im Felde der Kehrseite ein Kranz: Avellino Italiae numismata Seite 95 Nr. 22.

---

10) Æ 4	Pallaskopf rechtshin.	TIATI Eule mit angelegten Flügeln rechtshin auf einem Stab stehend, darunter zwei Werthkugeln. Rechts im Felde M.

Zwei Exemplare in der Friedlaender'schen Sammlung. De Ambrosio im Bullettino dell' instituto 1836 Seite 110 und Avellino Opuscoli Theil III Seite 115 Tafel VII Nr. 8. haben diese Münze publicirt. Avellino sagt ausdrücklich, der Buchstab im Felde sei kein M oder Σ sondern ein Monogramm aus V und M, VM zu TIATI gezogen gebe die Aufschrift TIATIVM. Eine kleine Verlängerung an dem ersten Winkel des M auf seinem Exemplare liess Avellino glauben dass ein V hierin zu erkennen sei. Allein auf einem unserer Exemplare fehlt diese Verlängerung, und der Buchstab M ist ganz deutlich. Auf dem anderen ist diese Verlängerung zwar vorhanden aber V und M können wir doch nicht darin erkennen, das V würde auf dem Kopfe stehen, ein Monogramm im Laufe des Stadtnamens wäre überall auffallend und in Italien besonders, auch wäre das M viel grösser als die übrigen Buchstaben; kurz wir glauben, die kleinere Verlängerung sei zufällig, es sei hier M ein Beizeichen, wie auf anderen Münzen von Teate K und 𐌋, und dies wird dadurch noch wahrscheinlicher dass K 𐌋 M im Alphabet zusammen gehören. 𐌋 auf einer Münze von Teate führt Riccio in seinem Aufsatze über die Münzen von Luceria Seite 21 an, ohne anzugeben auf welchem Astheil es steht.

---

11) Æ 4	Pallaskopf rechtshin.	TIATI Eule mit angelegten Flügeln auf einem Stab stehend, darunter eine Werthkugel. Uncia.

Königliche Sammlung. Ein Exemplar bei Avellino Italiae numismata Seite 14 Nr. 1 hat im Felde der Kehrseite einen Kranz.

---

12) Æ 4	Pallaskopf rechtshin.	TIAT Eule mit angelegten Flügeln rechtshin.

Königliche Sammlung. Diese Münze ist von anderem Stil als die vorhergehenden und hat keine Werthbezeichnung.

---

13) Æ 6	Bärtiger Herkuleskopf rechtshin, mit dem Löwenfell bedeckt.	TIATI Löwe rechtshin stehend, darüber eine Keule, unter des Löwen Leib ein Stern, im Abschnitt vier Werthkugeln. Triens.

Königliche Sammlung. Auf einem anderen Exemplar fehlt der Stern, und ein Halbmond ist neben der Keule. Auf anderen Exemplaren sind auch auf der Vorderseite vier Werthkugeln.

---

14) Æ 5	Lorbeerbekränzter Jupiterkopf rechtshin.	TIATI Taras bärtig, auf dem Delphin linkshin, in der Rechten eine Diota, in der Linken den Dreizack; darunter drei Werthkugeln. Quadrans.

Königliche Sammlung. Dass Taras einen Hut trage, wie zuweilen beschrieben wird, scheint nach unseren Exemplaren unrichtig. Auch auf Tarentinischen Silbermünzen. welchen dieser Quadrans nachgebildet ist, erscheint Taras öfters bärtig, möglich dass es Neptun selber ist der hier dargestellt werden sollte. Die Zahl der Werthkugeln wird bei den Exemplaren verschieden beschrieben, drei, vier, auch fünf; wir haben niemals mehr als drei erkennen können.

---

4. Aquilonia.

Die hier zu beschreibende Münze hatte man früher der Stadt Acherontia Apuliae, dem jetzigen Acerenza, zugetheilt. Für diese Zutheilung liesse sich anführen dass (nach einer wenig beglaubigten Nachricht) einmal ein Exemplar bei Acerenza gefunden worden sein soll, und dass der oskische Stadtname '*akudunniu*' allenfalls dem lateinischen Acherontia entsprechen könnte; denn die oskische Sprache hat kein ch und setzt dafür k, r und d wechseln auch in dem Namen Larinum, und nn für nt ist im Oskischen auch nicht ganz ungewöhnlich. Allein gegen Acherontia und für Aquilonia sprechen bessere Gründe. Vor allem: Acherontia liegt nicht im oskischen Sprachgebiet, Aquilonia dagegen in der Nähe oskischer Orte, in dem benachbarten Castell Baronia ist eine oskische Inschrift gefunden worden. Dazu kommt dass der oskische Name '*akudunniú*', welchen die Römer, nach ihrer Weise, in Aquilonia latinisirten, in dem jetzigen Namen l'Acedogna sich erhalten hat. Der Fundort der Münzen müsste die Frage entscheiden, allein bei ihrer grossen Seltenheit wussten die Napolitanischen Sammler nichts sicheres darüber anzugeben.

Die Aufschrift der Münze '*akudunniad*' steht im Ablativus Singularis der ersten Declination.

Æ 5	'*akudunniad*' Pallaskopf rechtshin, zwischen Haar und Helmbusch ein kleiner runder Schild mit einem Rande.	Behelmter Krieger linkshin stehend, in der Rechten hält er eine Schale, am linken Arme den Schild unter welchem das Schwerdt hervorhängt.

Das abgebildete sehr schöne Exemplar dieser seltenen Münze habe ich zu Neapel für die Königliche Sammlung angekauft. Avellino Italiae num. Seite 47 beschreibt ein Exemplar ohne den kleinen Schild hinter dem Halse des Pallaskopfes zu erwähnen. Diesen Schild hielt Lepsius für eine Werthkugel, allein der Rand des Schildes und die Stelle an welcher der Schild sich befindet wiederlegt dies. Die Aufschrift '*akuudunniad*', welche Sestini Descriptio Seite 15 giebt, ist unbeglaubigt.

---

5. Asculum Apuliae.

Auch diese Münzen sind viel umher gewandert ehe sie ihre Heimath gefunden haben. Pellerin publicirte zuerst ein Exemplar der Münze Nr. 3, statt AVCKΛA las er ΔYCKΛA und theilte die Münze einer Insel Dyscelados bei Illyrien zu, eine Attribution welche Eckhel (Doctrina II Seite 159) mit Recht nicht annahm, denn Dyscelados ist wahrscheinlich nur ein Beiname von Issa. Sestini (Lettere V 2te Ausgabe Seite XXIX) berichtigte die Lesung und die Attribution.

Schon früher (Lettere II Seite 3 Tafel V Nr. 1) hatte er die Münze Nr. 1 publicirt. Er las AVPVNKΩN und glaubte die Münze den Aurunci in Latium angehörig.

Auch dieser Attribution mistraute Eckhel (Doctrina I Seite 101). Avellino las später (Opuscoli III Seite 116 Tafel VII Nr. 9) auf einem anderen Exemplar: AVPVΣKΛI und theilte die Münze den Aurusclini Lucaniae zu. Endlich fand Millingen die richtige Lesung AVꟷVΣKΛI (Considérations Seite 154). Ein Exemplar welches ich in Neapel für die Königliche Sammlung erworben habe bestätigt diese Lesung.

Unter den griechischen Buchstaben dieser Aufschrift ist der dritte ꟷ, bekanntlich das griechische h, in der Mitte eines griechischen Wortes unmöglich. Es folgt daraus dass wir hier eine oskische Aufschrift in griechischen Buchstaben haben. ꟷ das griechische Zeichen für h ist, weil man griechisch schrieb, für das oskische h 8 gesetzt. Ebenso wie in ꟷEPEKΛEIΣ auf einer Inschrift bei Mommsen (Kl. Inschriften Nr. XXXV.) Die Aufschrift ist also Auhyskli zu lesen, oder Auhuskli, denn das oskische u wird in griechischer Schrift oft durch Y ausgedrückt. Hierin den Gentilnamen von Asculum zu erkennen hindert nichts, denn Asculum heisst bei Frontin und sonst auch Ausculum; Auhusculum und Ausculum verhalten sich wie Nahartes und Nartes welche beide Formen für denselben Namen vorkommen (Gruter 411, 3 und 455, 4). Festus nennt die Stadt: Osculum. „Osculana pugna“ (die alphabetische Ordnung sichert das O), sagt er, sei sprichwörtlich für wechselnden Sieg, seit in jener Schlacht Pyrrhus die Römer besiegte und darauf von ihnen besiegt ward. Es kann nur die berühmte Schlacht von Asculum gemeint sein.

Asculum liegt zwar in Apulien, aber dicht an der Grenze der samnitischen Hirpiner und der Lucaner, welche letztere ja auch oskische Münzen mit griechischer Schrift prägten, Aquilonia dessen Münzen rein oskisch sind liegt auch in der Nähe.

Da die griechisch geschriebene Aufschrift der ersten Münze, AVꟷVΣKΛI eine deutliche Spur oskischer Sprache zeigt, darf man sie wohl, nach Analogie der griechisch geschriebenen oskischen Aufschriften ΛOYKANOM und MAMEPTINOYM, AVꟷVΣKΛI*νομ* oder AVꟷVΣKΛI*νουμ* ergänzen; auf der Münze selbst steht aber nur AꟷVYΣKΛI.

Die zweite und dritte Münze haben griechische Aufschriften; Nr. 2 die rückläufige AYCKΛIN.., so berichtigt nach dem Exemplar der Königlichen Sammlung; gewiss ist hier AYCKΛINΩN zu ergänzen. Nr. 3 hat AYCKΛA welches sich vielleicht durch AYCKΛANΩN erklären lässt.

---

1) Æ 4½	Gezäumter Pferdkopf linkshin, darunter AVꟷVΣKΛI	AYꟷYΣKΛI Grosse Ähre mit einem Blatte.

Königliche Sammlung. Millingen Supplément aux considérations Tafel II Nr. 15, und Avellino Opuscoli III Tafel VII Nr. 9 wo das I deutlich erscheint, welches auf Millingen's Exemplare fehlt, dagegen ist bei Avellino der Zaum am Pferdkopfe nicht angegeben.

---

2) Æ $4\frac{1}{2}$	Eber, rechtshin gestreckt stehend, darüber eine Lanzenspitze, im Abschnitt AVCKΛIN.. rückläufig.	Ähre mit einem Blatte.

Dies Exemplar der Königlichen Sammlung, welches ich auch zu Neapel gekauft habe, stellt das N fest, die Aufschrift ist also AVCKΛINΩN zu ergänzen. Ein Exemplar mit angehlich AYCKΛIΩN beschreibt nur Sestini Lett. num. V zweite Ausg. Seite XXXI Nr. 4, es ist nicht glaubwürdig. Der Eber kommt ganz ebenso auf Münzen der Städte Arpi und Salapia vor, welche nahe bei Asculum liegen. Ein wahrscheinlich sehr schlecht erhaltenes Exemplar dieser Münze hat Carelli in seinen Tafeln abgebildet und in seinem Kataloge beschrieben; er sah in dem Thiere eine Löwin. Avellino verweist in den Adnotationes zum Carelli'schen Katalog auf seine Beschreibung in dem Supplementum ad Italiae numismata Seite 5 Aurunci Nr. 2, aber auch dies Exemplar war schlecht erhalten. Möglich, aber unwahrscheinlich, ist es dass dies eine von unserer oben beschriebenen abweichende Münze ist.

---

3) Æ 4	Jugendlicher Herculeskopf linkshin mit der Löwenhaut bedeckt, am Nacken die Keule.	AYCKΛA Victoria, rechtshin stehend, befestigt einen an langem Bande hängenden Kranz an einen vor ihr auf dem Boden stehenden Palmzweig.

Die Aufschrift haben zwei Exemplare der Königlichen Sammlung ganz deutlich. Der Typus der Kehrseite kommt ganz gleich auf einer der Silbermünzen mit der Aufschrift ROMANO vor, welche auf der Vorderseite einen jugendlichen Kopf mit phrygischem Helme hat.

---

4) Æ 2	Derselbe Typus wie Nr. 3.	Ohne Aufschrift, derselbe Typus wie Nr. 3.

Zwei Exemplare dieser unedirten Münze habe ich in der Sammlung des Sottintendente Onofrio Bonghi zu Mola di Gaeta gesehen.

IV. Italia inferior und Sicilia.

1. Lucani.

Die Lucaner, von samnitischem Stamme, haben zwei Reihen von Kupfermünzen geprägt, die eine mit ihrem oskischen Namen in griechischer Schrift: ΛΟΥΚΑΝΟΜ, die andere mit der rein griechischen Aufschrift ΛΥΚΙΑΝΩΝ. Die Aufschrift ΛΟΥΚΑΝΩΝ bei Mionnet (I 150 484 und 486) ist ganz unglaubwürdig. Eine Inschrift aus Anzi in Lucanien (Mommsen kleine Inschriften Nr. XXXVI) hat wie die erste Münzreihe oskische Sprache in griechischen Buchstaben.

Eine andere Spur oskischer Sprache in Lucanien bieten die Aufschriften ϹIBI und ΣΤΑΟΨΙ auf Kupfermünzen von Laos, denn es sind darin wohl die oskischen Namen Vibius und Statius Opsidius zu erkennen, Magistrate von Laos. Das *'v'* ward durch das oskische Ϲ ausgedruckt wie in ϹΕΙ auf Münzen von Vibo-Hipponium.

Die Bruttier, ebenfalls Samniten und von den Lucanern abgezweigt, haben nur griechische Münzaufschrift, sie prägten auch Gold- und Silbermünzen die den Lucanern fehlen. Unter den Kupfermünzen der Bruttier finden sich zwei Reihen welche mit den beiden Münzreihen der Lucaner in den Typen beider Seiten genau übereinstimmen. Nämlich: 1) Marskopf — Pallas. 2) Jupiterkopf — Adler. 3) Victoriakopf — stehender Jupiter. 4) Pallaskopf — Eule. Dies sind die Typen der Münzen mit ΛΟΥΚΑΝΟΜ. Dann 5) Herkuleskopf — Pallas. 6) Jupiterkopf — Adler mit zurückgewendetem Kopfe. 7) Victoriakopf — Jupiter in der Biga. Dies sind die Typen der Münzen mit ΛΥΚΙΑΝΩΝ. Auch die Beizeichen sind beiden Völkern meist gemeinsam, der Stil und die Fabrik der Münzen ist ganz dieselbe, die Münzen der Bruttier und Lucaner sind also wohl gleichzeitig. Aber für eine dritte Reihe der Bruttischen Kupfermünzen findet sich keine entsprechende bei den Lucanern.

Auf den Münzen mit ΛΥΚΙΑΝΩΝ findet sich häufig der Wolfskopf als Beizeichen, eine Beziehung auf *λύκος*. Die Münzen mit ΛΟΥΚΑΝΟΜ haben ihn nie, weil die Klangähnlichkeit da nicht mehr stattfand. Die Münze Nr. 3 ist zweisprachig.

Bei den griechischen Schriftstellern heissen die Lucani, abweichend von den Münzen: *Λευκανοί*.

Münzen mit oskischer griechisch-geschriebener Aufschrift.

1)	Æ 7	Behelmter bärtiger Kopf des Mars, linkshin, der Helm ist mit einem Greif geschmückt.	ΛΟΥΚΑΝΟΜ Pallas hastig schreitend, rechtshin, den Kopf zurückwendend, den rechten Arm erhebend, am linken den grossen Schild, an die linke Schulter ist die Lanze gelehnt, mit nach unten gerichteter Spitze.

Königliche Sammlung. Exemplare in Carelli's Tafeln haben einen Blitzstrahl unter dem Kopfe der Vorderseite, oder eine Eule im Felde der Kehrseite.

---

2)	Æ 5	Lorbeerbekränzter Jupiterkopf rechtshin.	ΛΟΥΚΑΝΟΜ Adler linkshin mit ausgebreiteten Flügeln auf einem Blitzstrahl stehend.

Königliche Sammlung.

---

3)	Æ 5—4	NIKA Kopf der Victoria von einem Stirnband umgeben, linkshin, vom Haarknoten hängt ein Band herab.	ΛΟΥΚΑΝΟΜ Jupiter rechtshin stehend mit gespreizten Beinen, in der erhobenen Rechten den Blitz, in der vorgestreckten Linken das Scepter.

Königliche Sammlung. Zuweilen fehlt die Aufschrift NIKA auf der Vorderseite. In Carelli's Tafeln ist ein Exemplar abgebildet auf dem die Victoria Flügel an den Schultern hat. Auf anderen Exemplaren is angeblich der weibliche Kopf mit Aehren oder auch mit Laub, bekränzt, wir haben solche nicht gesehen, und halten sie für zweifelhaft. Zuweilen ist eine Aehre hinter dem Kopf im Felde. Auf einem Exemplar bei Carelli ist ein Füllhorn im Felde der Kehrseite.

---

4) Æ 2	Pallaskopf linkshin.	....NOM Eule rechtshin.

Avellino Opuscoli Theil II Seite 77 Nr. 66. Nicht allein die drei Endbuchstaben der Aufschrift, welche denen der vorhergehenden Münzen gleich sind, auch die Typen theilen diese Münze den Lucanern zu, da in der entsprechenden Münzreihe der Bruttier eine eben solche Münze sich findet.

Münzen mit griechischer Aufschrift.

5) Æ 7	Jugendlicher Herculeskopf, rechtshin, mit dem Löwenfelle bedeckt, unter dem Halse vielleicht die Keule.	ΛΥΚΙΑΝΩΝ Pallas wie auf Nr. 1, unter dem Schilde ein Wolfskopf.

Königliche Sammlung. Mionnet beschreibt ein Exemplar mit einer Lanzenspitze unter dem Herculeskopf. Andere Exemplare haben statt des Wolfskopfes auf der Kehrseite eine Eule, andere kein Beizeichen.

---

6) Æ 5	Lorbeerbekränzter Jupiterkopf rechtshin, dahinter Lanzenspitze.	ΛΥΚΙΑΝΩΝ Adler linkshin, den Kopf zurückwendend, auf einem Blitze stehend, im Felde ein Wolfskopf.

Königliche Sammlung. Der Wolfskopf fehlt nach manchen Beschreibungen.

---

7) Æ 3	Kopf der Victoria rechtshin, von einem Stirnband umgeben, mit Flügeln an den Schultern.	Jupiter in der Biga, rechtshin, in der erhobenen Rechten hält er den Blitz, in der Linken die Zügel und das Scepter, unter den Füssen der Pferde der Wolfskopf, im Abschnitt ΛΥΚΙΑΝΩΝ.

Königliche Sammlung.

---

2. Mamertini.

Unter den zahlreichen griechischen Bronze-Münzen welche die Mamertiner in Messana geprägt haben ist nur eine einzige welche statt der gewöhnlichen griechischen Aufschrift MAMEPTINΩN die oskische in griechischen Buchstaben MAMEPTINOYM zeigt. Es ist der Genitiv Pluralis der zweiten Declination.

Der Gebrauch der griechischen Schrift bei oskischer Sprache ist für die Mamertiner durch die Inschrift von Messina, in welcher TΩ[illegible]TO MAMEPTINO vorkommt, nachgewiesen (siehe Mommsen die süditalischen Dialecte Seite 193), und ausserdem durch mehrere Ziegelstempel welche wir bei dem Franciscaner-Mönch von Pogwisch zu Messina gesehen haben; die Stempel haben, wie unsere Münze, die Aufschrift MAMEPTINOYM. Man darf also diese Münze nicht, wie es geschehen ist, der Bruttischen Stadt Mamertium zutheilen, welche freilich schon durch den Namen den samnitischen Ursprung darthut. Jene Inschriften, und die Uebereinstimmung in Stil und Typen welche unsere Münze mit den griechischen der Mamertiner zeigt, weisen sie nach Messina.

Die Mamertiner kamen um das Jahr 280 v. Chr. nach Messina, sie werden wohl bald ihre Prägung begonnen haben, und unsere Münze möchte man für eine der älteren halten, eben weil sie noch den Volksnamen in der Muttersprache trägt.

Æ 2	Kopf der Diana rechtshin, mit einem hohen Diadem, am Nacken Bogen und Köcher.	MAMEPTINOYM Omphalos oder Cortina mit einem hervortretenden unteren Rande, und von einem Netz überzogen, darunter Λ.

Millingen ancient coins Seite 33 Tafel II 13. Die Münze ist nur in diesem einzigen Exemplare bekannt, dies veranlasste Herrn Raoul-Rochette nach seiner seltsamen Weise sie für falsch zu erklären. (Nouvelles Annales de l'Institut archéologique Theil I Seite 128).

Nicht mit dieser Münze zu verwechseln ist eine andere von derselben Grösse mit dem lorbeerbekränzten Apollokopf linkshin, auf der Kehrseite dieselbe Cortina aber MAMEPTINΩN und kein Λ. Eckhel in seiner Sylloge Tafel II Nr. 11 machte sie bekannt, in der Doctrina führt er sie an (aber irrig R für P). Auch bei Hunter und Torremuzza ist sie abgebildet. Ein Exemplar der Königlichen Sammlung hat deutlich MAMEPTINΩN.

Mars und Apollo sind die gewöhnlichen Gottheiten der Mamertiner-Münzen, Mars von dem sie ihren Namen annahmen, Apollo dessen Traumerscheinung ihren Auszug veranlasst hatte. Auf unserer Münze erscheint statt des Apollo die Diana, aber die Kehrseite bezieht sich wieder auf Apollo. Wir halten das Dargestellte des unteren Randes wegen hier eher für die Cortina als für den Omphalos.

Die anderen Münzen der Mamertiner zeigen keine Spuren des oskischen Einflusses, wenn man nicht die Rückläufigkeit der Aufschrift einer der kleineren Münzen dafür ansehen will (Mionnet S. I 403 291). Die Werthzeichen: XII, fünf Kugeln, Π wahrscheinlich für *πέντε*, werden wohl, wie auf anderen sicilischen Münzen, dem römischen Einflusse, nach 241 v. Chr., zuzuschreiben sein.

---

3. Vibo, Hipponium.

Die Kupfermünzen mit der Aufschrift ϹEI hatte man, zusammen mit anderen ganz abweichenden Münzen welche angeblich die Aufschriften ϹIR ϹIRI ϹEIRIZ haben, früher Siris zugetheilt. Jene angeblichen Aufschriften erkannte man aber theils als falsche Lesungen theils für Magistrats-Namen, und so blieben die Münzen mit ϹEI allein übrig, welche man, auch dem Fundorte nach, Vibo-Hipponium zutheilen muss. Wie könnte auch Siris, eine Stadt welche 560 v. Chr. zerstört ward, Kupfermünzen und Kupfermünzen von so schönem Stil geprägt haben.

Es fragt sich nun, in welcher Sprache diese Aufschrift ϹEI, der abgekürzte Name von Vibo, geschrieben ist. Man würde sie zunächst für griechisch halten, und das Ϲ widerspräche nicht da es in der rein griechischen Aufschrift ϹAΞIΩN der Münzen von Axus Cretae und in ϹEΛXANOΣ auf Münzen von Phaestus Cretae, dann in dem abgekürzten Namen ϹAΣ auf Münzen von Tarent, in gleicher Form und Lautbedeutung erscheint. Allein die griechische Münzaufschrift von Hipponium heisst stets EIΠΩNIEΩN, sie giebt also EIΠΩN als griechischen Stadtnamen, und danach darf man ϹEI wohl nicht für den Anfang des griechischen Stadtnamens halten. Bedenkt man dagegen dass in Hipponium, jetzt Monteleone, mehrere oskische mit griechischen Buchstaben geschriebene Inschriften gefunden worden sind, dass auf einer derselben (Mommsen kleine Inschriften Nr. XXXVII) in den Worten ΔIOYϹEI ϹEPΣOPEI das Ϲ zweimal als v vorkommt, so liegt es nahe in ϹEI den oskischen Stadtnamen mit griechischen Buchstaben geschrieben zu vermuthen. Da die Stadt lateinisch Vibo heisst, so würde der oskische Name, den Uebergang bildend zwischen dem griechischen EIΠΩN und dem lateinischen Vibo, wohl '*veibùn*', in griechischer Schrift: ϹEIBΩN gewesen sein. Die Verwandlung des *π* in's lateinische b finden wir auch in Pyxus = Buxentum.

Wäre es gewiss das ϹEI oskisch ist so würde diese Münzaufschrift ein Beleg dafür sein dass die Bruttier zweisprachig waren, oskisch und griechisch redeten, wie

Festus von ihnen sagt, freilich der einzige Beleg aus ihren Münzen, denn alle anderen Münzen der Bruttier und ihrer Städte zeigen keine Spur ihrer oskischen Muttersprache.

Die Münzen mit ⊏EI sind von guter sauberer Arbeit, die Schrötlinge sehr dick; darin weichen sie auch von den griechischen Münzen von Hipponium ab.

---

1) Æ 5	Merkurkopf mit flachem Hut ohne Flügel, rechtshin.	⊏EI Adler rechtshin, eine Schlange in den Krallen haltend.

Königliche Sammlung. Auf anderen Exemplaren steht die Aufschrift auf der Vorderseite. Der Typus der Kehrseite findet sich ganz ähnlich auf Kupfermünzen von Kroton.

---

2) Æ 4	⊏EI Merkurkopf mit flachem Hut ohne Flügel, rechtshin.	Amphora.

In der Pariser Sammlung.

---

3) Æ 3	⊏EI Merkurkopf mit flachem Hut ohne Flügel, rechtshin.	Caduceus.

Königliche Sammlung.

Unbestimmte Münzen.

I. Makdiis.

Æ $4\frac{1}{2}$	Lorbeerbekränzter Apollokopf linkshin, dahinter ⊙.	Delphin linkshin, darüber vielleicht '*akkri*' oder '*akuru*', darunter '*makdiis*', und darunter eine Keule.

Das abgebildete Exemplar, früher dem Principe di San Giorgio gehörig, befindet sich jetzt in der Königlichen Sammlung. Die Münze ist äusserst selten. Avellino hatte zuerst in den Opuscoli Theil II Seite 127 und Tafel V Nr. 6 ein Exemplar publicirt welches nur einige Buchstaben der unteren Aufschrift zeigte, ein besseres beschrieb er im dritten Bande der Opuscoli Seite 93 und bildete Tafel 7 Nr. 3 die untere Aufschrift ab, allein er las sie '*makriis*', und diese Lesung veranlasste ihn die Münze der Stadt Marcina am Golf von Paestum, zwischen Salerno und Amalfi, zu geben. Unser Exemplar aber hat deutlich '*makdiis*' und drei der Sammlung Santangelo haben '*makdiis*' und '*maakdiis*'. Die Hauptaufschrift aber ist, der Stellung nach, die obere, in ihr suchen wir den Stadtnamen, wenn er nicht etwa auf der Vorderseite gestanden hat. Auf Avellino's Exemplaren fehlte diese obere Aufschrift ganz, auf dem unsrigen ist sie sehr undeutlich, kaum der Anfang '*ak*' ist sicher. Das '*a*' haben wir auch auf einem der Santangelo'schen Exemplare erkannt. '*makdiis*' und '*maakdiis*' möchten wir für einen Magistratsnamen im Nominativ halten, die Endung '*iis*' entspricht dem lateinischen ius. Vielleicht ist '*m. akdiis*' und '*ma. akdiis*' abzutheilen, da es auffallend wäre einen oskischen Namen ohne Vornamen zu finden doch ist auf unserem Exemplare keine Spur eines Punktes. '*makdiis*' würde dem lateinischen Magidius oder Maccius entsprechen. Hat aber der Stadtname auf der Vorderseite gestanden so könnte die obere Aufschrift den Vornamen zu '*makdiis*' enthalten. Möchte bald ein glücklicher erhaltenes Exemplar das Räthsel der oberen Aufschrift lösen. Stil und Fabrik scheinen wohl campanisch zu sein.

Millingen (Considérations Seite 195) hat die Münze der apulischen Stadt Arpi oder Salapia zutheilen wollen, doch ganz gewiss mit Unrecht.

---

2. Freternum, Fenseru.

AR 5	Kopf der Juno von vorn, mit einem hohen Diadem welches mit zwei geflügelten Seepferden und einer Palmette geschmückt ist, um den Hals eine Perlschnur.	'*fenseru*' oder '*freternum*' Bellerophon auf dem Pegasus, im Kampf mit der Chimära, die ganze Darstellung rechtshin.

Die Lesungen und Erklärungen dieser Münze sind so mannichfaltig gewesen dass es nicht ohne Interesse ist ihre Geschichte kurz anzugeben. Eckhel publicirte zuerst eine Münze mit diesen Typen (N. anecd. Seite 42 Tafel III Nr. 24). Veranlasst durch den Kopf der Vorderseite, welcher ähnlich auf Münzen von Kroton sich findet, und durch den Bellerophon, welcher Kroton der achäischen Stadt wohl zukommt wie er denn auf Münzen von Korinth selbst erscheint, glaubte Eckhel die wenigen Reste der Aufschrift seines Exemplars KPO zu lesen, und gab die Münze nach Kroton; so auch Mionnet (I 191 867), auf dessen Exemplar die Aufschrift ganz fehlte. Carelli in dem Katalog seiner Sammlung (1812) Seite 136 führt drei Exemplare auf, von denen zwei ohne Aufschrift waren, auf dem dritten sah er KP. 1831 publicirte Millingen (ancient coins Seite 27 Tafel II Nr. 8) das Exemplar des Lord Northwich, dessen Abbildung wir auf unserer Tafel unter Nr. 1 ganz getreu wiederholen. Millingen las '*fenseru*' und wollte darin Veseris, eine angebliche campanische Stadt in der Nähe des Vesuv, erkennen. Der Herzog von Luynes, in den Annali dell' instituto 1831 Seite 307 folgte dieser Attribution, und deutete den Typus des Bellerophon mit der Chimära auf den Vesuv. Zwei Jahre darauf, 1833, publicirte Avellino in den Opuscoli Theil II Seite 134 und Tafel V Nr. 19 ein anderes Exemplar im Besitze des Dr. Nott, worauf er „ϟEϟΣEP gleich ΣENΣEP…“ las; die Buchstaben hielt er für griechische. In den kritischen Bemerkungen zu Carelli's Katalog, welche 1834 erschienen, bespricht er dies Exemplar noch einmal und attribuirt die Münze der Stadt Censennia oder Serennia. Im dritten Bande der Opuscoli (1836) Seite 81 führte er dies weitläufig aus. Er behält die Lesung ΣΕΝΣΕΡ... bei, widerspricht der Zutheilung Millingen's nach Veseris, erklärt den Stil der Münze für ungriechisch, und die Buchstaben für schwankend zwischen griechischen und oskischen Formen. Censennia in Samnium, *Σερεννία* bei Diodor, müsse der Münzaufschrift zufolge Sensernia, Sensernum geheissen haben. Im Jahre 1846 kam nun wieder ein neues Exemplar bei Monsignor Fanelli in Neapel zum Vorschein. Avellino bespricht es in seinem Bullettino Theil IV Seite 25 und bildet es auf Tafel I Nr. 4 ab, danach ist unsere Abbildung Nr. 2 ganz genau wiederholt. Avellino giebt die Aufschrift '*freternum*' an, aber er gesteht „dass es günstiges Lichtes und guter Vergrösserungsgläser bedürfe um sie zu lesen, und dennoch blieben die Buchstaben '*et*' zweifelhaft, ja das '*t*' gleiche einem Σ". Die Buchstaben erst „griechisch" dann „gemischt" heissen nun „rein oskisch." Seine Abbildung und danach die unsrige lässt noch Zweifel an der Lesung, namentlich ist das zweite '*e*' undeutlich und das '*m*' ist M. Auch steht im Felde noch ein Zeichen welches einem R gleicht. Nach diesem Bericht bleibt es denn doch zweifelhaft ob hier '*freternum*' oder '*fresernum*' zu lesen sei, um so mehr als Millingen auf dem Northwich'schen Exemplar '*fensernu*' gelesen hat und in den Considérations Seite 205 wieder ausdrücklich versichert, seine Abbildung sei ganz treu. Avellino aber macht die Lesung '*freternum*' zur Grundlage seiner ferneren Vermuthungen. Er stellt diese Aufschrift mit '*frentrei*' auf den Bronzemünzen von Frentrum oder der Frentaner zusammen, und findet auch, freilich nicht ohne einige Gewalt, Analogien in den Typen unserer Silbermünzen und der bronzenen der Frentaner. Nämlich „Bellerophon Pegasus und Chimära der Kehrseite der Silbermünzen sind vertheilt auf beide Seiten der Frentaner-Münze. Der Kopf mit dem Flügelhut auf der Vorderseite der Frentaner-Münze ist der des Bellerophon." Dies aber ist irrig, denn dieser Kopf ist als Merkur durch den grossen Caduceus bezeichnet welchen er auf manchen Exemplaren neben sich hat, und ein ganz ähnlicher Merkurkopf kommt auf den Münzen von Suessa vor. „Der Pegasus der Münze mit '*freternum*' erscheint wieder auf der Kehrseite der Frentaner-Münzen." Aber hier allein, und ein wie häufiger Typus ist nicht der Pegasus! „Die Chimära endlich ist durch den Dreifuss auf der Frentaner-Münze angedeutet, dessen Flammen" (diese Flammen sind aber nicht dargestellt) „an die Flammen erinnern welche die Chimära ausspie."

Avellino theilt die Münzen einer Stadt Freternum zu, welche da gelegen habe wo jetzt Termoli, das römische Interamnia, am Tifernus liegt, denn „der Tifernus heisse bei Ptolemaeus *Φίτερνον*, und dies habe Aehnlichkeit im Klange mit '*freternum*'. So erwünscht es nun auch immer den Numismatikern ist, nummi incerti in ihr System einreihen zu können, auf die immer noch zweifelhafte Lesung, welche zwischen '*fensernu*' und '*freternum*' schwankt, auf so unhaltbare Aehnlichkeit von Typen hin, können wir die neueste Attribution Avellino's, so hoch wir ihn verehren, doch nicht annehmen; um so weniger als ja im Allgemeinen nur reichere grössere und darum historisch wohlbekannte Städte Silber prägten. Und ferner erscheinen grade in den Städten dieses Theils des östlichen Italiens, in den Städten von Picenum, der Marrucini, von Samnium, der Frentani, von Apulien, Silbermünzen und besonders Didrachmen nur in äusserst geringer Zahl, und keine mit so kunstreichem Typus. Viel eher, dünkt uns, weist der Kopf der Juno und der Stil der Arbeit in die Nähe der blühenden griechischen Colonien im Süden und Westen. Der Kopf der Juno von vorn erscheint ebenso auf Münzen von Neapolis, Uria Campaniae, Posidonia Lucaniae, Croton Bruttii. Aber alle Vermuthungen bleiben eitel bis die Aufschrift durch andere Exemplare unzweifelhaft festgestellt sein wird.

Auch die folgende Münze müssen wir hier erwähnen.

AR 4	Lorbeerbekränzter Apollokopf rechtshin.	*'fe...'* Jugendlicher Reiter rechtshin galoppirend, mit einem kurzen Mantel bekleidet, die Rechte wie zum Werfen erhoben.

Diese Silbermünze vom schönsten campanischen Stil publicirt Fiorelli in den Osservazioni Seite 3 Tafel I Nr. 3. Er versichert die oskische Aufschrift *'fe...'* sei ganz deutlich, und schlägt danach vor, die Münze der vorerwähnten campanischen Stadt Veseris zu attribuiren. Indess ist die Aufschrift, welche an einer etwas sonderbaren Stelle steht, zu unvollständig um darüber zu entscheiden. Sie schliesst sich der Millingen'schen Lesung *'fenserne'* auf der vorhergehenden Münze an. Fiorelli erinnert dass die Typen seiner Münze mit denen der Silbermünze von Cora übereinstimmen welche Millingen (ancient coins Seite 1 Tafel I Nr. 1 und Supplément aux Considérations Seite 21) edirt hat. Bei weitem ähnlicher aber, ja ganz gleich, ist die Fiorelli'sche Münze einer sonst unbekannten Silbermünze von Neapolis Campaniae welche in den Carelli'schen Tafeln abgebildet ist. Sie ist in Carelli's Katalog nicht verzeichnet, woher er sie entnommen wissen wir nicht, aber sie steht zwischen lauter Silbermünzen und ist daher ohne Zweifel auch eine Silbermünze. Glaubwürdig wird sie durch ähnliche Typen auf kleinen Kupfermünzen von Neapolis. Sie unterscheidet sich von der Fiorelli'schen Münze nur durch die Aufschrift NEOΠO (bei Carelli NEOPO, wahrscheinlich hatte das Π die Form Γ) vor dem Kopf, und dadurch dass der Reiter auf der Kehrseite Helm und Wurfspiess hat, (welche vielleicht auf der Fiorelli'schen Münze nur zufällig unsichtbar sind), dass dagegen die beiden oskischen Buchstaben fehlen. Da es hiernach noch ganz unsicher ist ob die Münze wirklich oskische Aufschrift hat, haben wir sie nicht abgebildet.

---

3. Malies.

Welcher Stadt die Münzen mit dieser Aufschrift angehören ist nicht zu bestimmen. Avellino (Supplementum ad Italiae numismata Seite 48) und Sestini (Classes Generales zweite Ausgabe) wollten sie der von Livius erwähnten samnitischen Stadt Meles oder Melae zutheilen, welche an der Stelle des heutigen Molise gelegen haben soll; Millingen (Considérations Seite 224) dachte an *Μαλόεις*, den griechischen Namen von Maleventum, Beneventum. Dem Stil und der Fabrik nach gehört die Münze nicht nach Campanien, sie ist kleiner und dicker als die campanischen. Die Buchstaben der Aufschrift sind gemischt, L lateinisch und Σ griechisch, die vier anderen sind beiden Alphabeten gemeinschaftlich.

Æ 3	MALIEΣ Weiblicher Kopf rechtshin, mit Ohrring Halsband Stirnband und vielleicht einer Mütze auf dem Hinterkopf.	Stier mit menschlichem Antlitz rechtshin, darüber eine bärtige Maske.

Das hier abgebildete Exemplar der Königlichen Sammlung und zwei andere, eins in der Sammlung Santangelo, eins in der Kaiserlichen Sammlung zu Wien, von welchen wir Abdrücke besitzen, stellen endlich die Aufschrift fest wie wir sie angegeben. Das L kann man nicht, wie bisher oft, für I nehmen, wenn auch der Querstrich sehr klein ist und das folgende I ihm sehr nahe steht. Auch das Σ ist gesichert. Ein siebenter Buchstab kann auf diesen Exemplaren nicht gestanden haben, denn das Σ steht schon dicht am Halse und der Raum unter dem Halse ist leer.

Nachdem wir die Aufschrift also durch drei gut erhaltene Exemplare festgestellt haben, wollen wir auch die Abweichungen anführen, da es immer möglich ist dass andere Exemplare wirklich andere Aufschrift haben, doch glauben wir es nicht. Sestini Museum Fontana III Tafel I Nr. 2 bildet MALIEΣ ab, wie unsere Exemplare haben, aber im Text giebt er MALIES.. an. In seinen Classes generales zweite Ausgabe ist gar ꟿALIESA abgebildet, mit oskischem ꟿ. Millingen ancient coins Seite 3 Tafel I Nr. 2 hat MAIIEΣ, in den Considérations Seite 224: MALIESA und MAIIESA mit oben breitem A. Avellino las auf zwei Exemplaren bei Carelli und auf einem dritten (in seinem Supplementum ad Italiae numismata) nur MALIE.. Auch in der Beschreibung des Kopfputzes weichen die Schriftsteller ab. Unsere Abbildung stellt ihn getreu dar. Für campanisch können wir die Münze nicht halten.

V. Die Münzen des Bundesgenossen-Kriegs.

Annibale Olivieri in den Saggi di Cortona war der erste der die Münzen der Bundesgenossen erkannte und von den römischen Familien-Münzen sonderte, unter denen sie sich bis dahin verloren hatten. Bald darauf beschrieb Swinton in mehreren Theilen der Philosophical Transactions eine Anzahl wichtiger und seltener Münzen. Die ganze Reihe ordnete und erläuterte Eckhel, im ersten Bande der Doctrina, mit grossem Scharfsinn; auch hier konnten alle späteren Entdeckungen seine Erklärungen nur bestätigen und erweitern. Manche neue Münzen fügte Millingen hinzu in den verschiedenen numismatischen Werken welche er, begünstigt durch langen Aufenthalt in Italien, herausgab. Nicht minder hat sich Avellino auch um diesen Theil der italischen Numismatik bemüht; sowohl in den Italiae veteris numismata und ihrem Supplement, als in den Opuscoli und dem Bullettino Napoletano werden diese Münzreihen wiederholt besprochen. Mérimée gab in der Revue numismatique 1845 eine Aufzählung von Münzen des Social-Kriegs, diese Arbeit bildete ursprünglich einen Anhang zu seiner Geschichte des Kriegs, und entspricht dort dem Zweck eine Uebersicht der Münzen zu geben. Kiene hat dagegen in seiner gründlichen Geschichte des Kriegs die Münzen kaum berührt, weil ihm das Material zu einer vollständigen Bearbeitung fehlte, es ist im Sinne der deutschen Wissenschaft auf eine Arbeit der man sich nicht gewachsen fühlt zu verzichten. Lepsius bespricht in den Inscriptiones umbricae et oscae nur sechs Typen, und lässt von diesen nur zwei für ächt gelten.

Die folgende Zusammenstellung, vollständig soweit es in unseren Kräften stand, gründet sich, ausser auf die eben genannten Schriften, auf eine grosse Anzahl von

Originalen, die wir in Händen gehabt. Die Königliche Sammlung in Berlin besitzt deren drei und dreissig, von denen ich ein und dreissig während eines längeren Aufenthaltes in Süditalien anzukaufen beauftragt ward; es sind mehrere der seltensten Stücke darunter. Auch die Münzen des Museo Borbonico, soweit sie geordnet und sichtbar waren, habe ich benutzen dürfen. Die Sammlungen der Herren Kästner in Rom und Fusco in Neapel und manche kleine Sammlungen in den Provinzen des Königreichs Neapel gaben einige Beiträge. Die in der Sammlung Santangelo befindlichen Münzen der Bundesgenossen habe ich nur zum kleineren Theil gesehen.

Ausser einer goldenen und einer nicht sicheren kupfernen sind die Social-Münzen sämmtlich von Silber; der Grösse und dem Gewicht nach den Denaren der römischen Republik gleich. Sie haben theils oskische theils lateinische Aufschriften und Zahlen, wenige sind schriftlos, eine einzige vielleicht zweisprachig. Die lateinischen Münzen durften hier um so weniger ausgeschlossen werden als sie die oskischen zum Theil erläutern.

Eine historische chronologische Ordnung, wie sie Millingen in den Considérations versucht hat, ist nicht sicher zu begründen. Denn auf wenige Jahre, fast nur auf drei, beschränkt sich die Münzprägung; im Jahr 91 v. Chr. brach der Krieg in vereinzelten Unternehmungen aus, da ward wohl noch nicht gemünzt; es bleiben also die Jahre 90 89 88, und für die oskischen Münzen vielleicht noch einige Jahre mehr. Für einen so kurzen Zeitraum ist eine chronologische Anordnung herzustellen wohl nicht möglich, wenn auch die Zeit für einige Münzen bestimmter angegeben werden kann. So wird für die des Pompaedius Silo die Zeit durch seinen Tod beschränkt. Millingen hat zum Grund seiner Zeitbestimmungen die Typen genommen. Er bezieht die Nachahmung römischer Denare, welche wir durch die mangelnde Kunstübung und durch die hastige Befriedigung des Kriegsbedarfs veranlasst glauben, auf Siege über römische Feldherren: man habe nämlich die Typen der Familien-Denare des geschlagenen Heerführers aus Hohn nachgebildet. Dies überhaupt ist unwahrscheinlich, und in einzelnen Fällen hat man bereits nachgewiesen dass Millingen sich getäuscht hat.

Die Prägstätten sind auf den Münzen nicht genannt. In Corfinium, der Hauptstadt des Bundes und insbesondere der lateinisch redenden nördlichen Stämme, wurden wohl sicher lateinische Münzen geschlagen. Ob die oskischen dagegen in Bovianum geprägt sind steht dahin. Die Trennung zwischen den oskisch redenden Samniten und den lateinisch redenden Marsen geht zwar durch alle Einrichtungen des Bundes, es schiene also auch glaublich dass die beiden Stämme verschiedene Prägstätten hatten, allein es werden zu Bovianum, jetzt Bojano, niemals Münzen des Socialkriegs gefunden, wie uns genaue Erkundigungen daselbst und die Durchsicht der dortigen kleinen Sammlungen lehrten. Und ferner scheint die Münze, welche auf der Vorderseite des Papius Namen oskisch und auf der Kehrseite ITALIA lateinisch hat, wenn sie sicher ist, gerade zu beweisen dass oskische und lateinische Münzen in derselben Prägstätte geschlagen wurden.

Vollständig zu erweisen ist aber weder dass Corfinium allein, noch dass Corfinium und Bovianum Prägstätten waren. Vielleicht gab es mehrere, das Socialgebiet umschloss viele Städte die früher gemünzt hatten.

An Stil und Fabrik sind die Münzen von grosser Verschiedenheit. Gewöhnlich ist der Stil energisch, ohne alle Grazie, hart bis zur Roheit, dagegen zeigen manche Münzen, zum Beispiel die mit dem Stier und der Lupa, die mit den von einander sprengenden Dioskuren, die der Acilia nachgeahmte, eine bessere mildere mehr römische Arbeit. Doch eben weil sich unter den oskischen wie unter den lateinischen manche besser manche schlechter gearbeitet zeigen, kann man aus dem Stil keinen Schluss auf die Prägstätte ziehen.

Der Fundort allein könnte entscheiden, die Münzen sind aber alle so selten dass es schwer sein wird sichere Nachrichten darüber zu sammeln, uns ist es bei einem längeren Aufenthalte in Samnium trotz vieler Bemühung nicht gelungen.

Italienische Gelehrte haben die einzelnen Buchstaben welche sich häufig im Abschnitte der Münzen zeigen für die Anfangsbuchstaben der Prägstätten genommen, B zum Beispiel für Bovianum, allein die Vollständigkeit der Reihen dieser Buchstaben widerspricht dieser Erklärung. Gewiss sind diese Buchstaben nur Zeichen der Münzmeister, vielleicht die Zahl der Emissionen angebend. Auch auf vielen römischen Denaren finden sich Buchstaben, oder Zahlen die bis in die Hunderte steigen.

Wie hastig die Socialkriegs-Münzen für den Kriegsbedarf geschlagen wurden zeigt die grosse Zahl der nummi incusi, solcher Stücke welche statt des erhabenen Gepräges der Kehrseite den Kopf der Vorderseite vertieft wiederholen. Dies entsteht wenn der Arbeiter, nachdem eine Münze fertig geprägt ist, sie vom Ambos zu nehmen vergisst, und den neuen Schrötling auf die fertige Münze legt; beim ferneren Prägen druckt nun der im Hammer befindliche vertiefte Stempel die Vorderseite der Münze richtig erhaben aus, statt des vertieften Stempels der Kehrseite im Ambos, trifft aber der Schrötling den erhabenen Kopf der auf dem Ambos liegen gebliebenen Münze welchen er nun vertieft empfängt. Bei griechischen Münzen findet sich dieser Prägfehler nur selten, auf römischen Familien-Denaren ziemlich oft, bei den Münzen des Socialkriegs aber verhältnissmässig sehr häufig.

Ueber die Typen haben wir bei den einzelnen Münzen gesprochen. Hier nur einige Bemerkungen. Man hat Anstand genommen den weiblichen Kopf für die Italia zu halten weil er bald behelmt bald bekränzt ist, allein auch der Kopf der Roma auf den Familienmünzen ist bald bekränzt bald behelmt.

Der Typus des Bündnissschwurs, welcher sich auch auf Münzen von Capua und Atella findet, wird durch folgende schon oft citirte Stelle des Cicero de invent. II 30 erläutert: in eo foedere quod factum est quondam cum Samnitibus quidam adolescens nobilis orcam sustinuit iussu imperatoris. Und dann durch die Beschreibung des Schwurs welcher dem Kampfe der Horatier und Curiatier voranging, im ersten Buche des Livius Cap. 24.

Die Zahl der Schwörenden wechselt auf den Münzen zwischen acht vier und zwei. Weil man glaubt Alles erklären zu müssen, hat man die Zahl der verbündeten Stämme und ihre Verminderung im Laufe des Kriegs hierin erkennen wollen. Aber die Zahl acht stimmt nicht einmal mit den Angaben der Schriftsteller überein, Livius nennt sieben, Appian zehn oder elf Stämme; überhaupt ist solche Genauigkeit gar nicht im Sinne der antiken Kunst, und am wenigsten hätte man die entmuthigende Verminderung der Bundesgenossen öffentlich dargestellt.

Einige Typen der Kehrseite finden sich auf oskischen und auf lateinischen Münzen. Da wir sie nach den Sprachen getrennt haben ist zu bemerken dass die Münzen Nr. 8 20 21, ferner 11 12 18 19 übereinstimmende Kehrseiten haben.

Die am häufigsten wiederkehrende Aufschrift ist '*vitelíu*' und ITALIA. Corfinium die Hauptstadt des Bundes erhielt den Namen Ἰταλία nach Diodor lib. XXXVII, Ἰταλική nach Strabo, Italicum nach Velleius Paterculus; jene Aufschrift der Münzen aber ist wohl nicht der neue Stadtname, sondern bezieht sich auf den Kopf oder die Figur welche die Italia darstellt, also auf das zu gründende italische Reich, denn nicht eine andere Stadt wollte man dem herrschenden Rom entgegenstellen sondern das ganze gleichberechtigte Land.

Vier Magistratsnamen kommen auf den Münzen vor, lateinisch: Q. Pompaedius Silo; oskisch: G. Papius Mutilus, Numerius Lucilius oder Luculeius, und Minius Jegius. Die Münzen des Silo und des Jegius sind nur in je einem, die des Luculeius in zwei Exemplaren bekannt, des Papius Name ist häufiger, und kommt neben verschiedenen Typen vor. Nach Silo's Tode führte er allein den Oberbefehl; nur Papius und Silo sind historisch bekannt, Luculeius und Jegius werden nirgends erwähnt, und doch zeugt ihr Name auf den Münzen dafür dass sie, wie jene beiden anderen, die höchsten Aemter bekleidet haben.

Freinsheim in den Noten zum Florus (danach Olivieri, und nach ihm Mérimée) hat die Namen aller bekannten Heerführer des Bundes zusammengestellt, wie die Schriftsteller sie freilich oft sehr verderbt schreiben; in keinem dieser Namen lassen sich Luculeius und Jegius wiedererkennen. Vielleicht waren sie Beamte zur Zeit der Waffenruhe nach dem Tode des Silo, und sind deshalb in den überhaupt spärlichen Erzählungen vom Kriege nicht erwähnt, welche ja auch alle von der siegenden Partei herrühren. Auffallend ist es dass die Namen anderer berühmten Heerführer, besonders des Telesinus, nicht erscheinen, bedenkt man aber dass wir noch nicht einmal über das Münzrecht der Beamten des römischen Volkes aufgeklärt sind so wird man sich über Dunkelheiten bei den Münzen der Bundesgenossen nicht wundern.

Den Titel '*embratur*' imperator führt allein Papius, so bezeichnet ihn auch Livius, doch war dies wohl nicht sein Amtstitel sondern ein Ehrenbeiwort welches ihm die Soldaten, nach römischer Sitte, für einen Sieg beigelegt hatten.

Die Zahlen auf diesen Münzen sind entweder auf den Kopf gestellt und zugleich rückläufig geschrieben, wie IIIΛX statt XVIII, oder sie sind nur rückläufig geschrieben, wie IIIV statt VIII. Auf beiderlei Art sind auch die etruskischen Zahlen geschrieben.

X und XVI, wenn sie allein auf der Vorderseite vorkommen, sind Werthzahlen, und bedeuten, wie auf römischen Denaren, dass die Münze X oder XVI Asse werth sei. Auf gleichzeitigen ganz übereinstimmenden römischen Denaren findet sich bald X bald XVI. Eckhel glaubte dass X auf den Namen des Denar, XVI auf das wirkliche Verhältniss zum As, wie es seit dem zweiten punischen Krieg festgestellt war, sich beziehe. Dass aber in Rom wirklich ein doppeltes Verhältniss des As zum Denar stattfand, 16 Asse = 1 Denar, und 10 Asse = 1 Denar, geht aus den Worten des Plinius (Hist. nat. XXXIII 13) hervor: placuitque denarium sedecim assibus permutari. In militari tamen stipendio semper denarius pro decem assibus datus. Da nun viele Prägungen wohl der Soldzahlung wegen stattfanden, mag deshalb bald X bald XVI auf den Denaren stehen.

Diese Nachahmung römischer Denare ist ziemlich allgemein in den Münzen der Bundesgenossen. Avellino glaubt (Opuscoli II S. 18) sie sei angewendet worden um darzuthun dass alle Macht Roms auf die Italioten übergegangen sei, oder um, nach Art der evocationes, die Götter Roms geneigt zu halten. Allein es sind auch andere Typen als Götterdarstellungen nachgeahmt. Wie künstlich Millingen diese Nachahmungen erklären wollte haben wir schon erwähnt. Lässt sich aber nicht am einfachsten diese Nachahmung so erklären dass man in der Hast des Krieges gewöhnliche römische Münzen als Vorbilder benutzte um das neue Geld dem römischen, welches allgemeine Geltung hatte, anzuschliessen? Dafür scheint namentlich die Münze Nr. 7 zu sprechen welche die allerhäufigsten älteren römischen Typen, den Kopf mit dem Flügelhelm und die sprengenden Dioskuren trägt. Wir stellen hier alle Aehnlichkeiten von Social-Münzen mit römischen Denaren zusammen, indem wir die letzteren mit den Nummern der Abbildungen des bekannten Buches von Riccio bezeichnen.

Nr. 1 und 2, der Kopf der Vorderseite ist dem der Servilia Nr. 3 (und anderen) ähnlich.

Nr. 4, die Vorderseite ist eine genaue Copie der Acilia Nr. 5.

Nr. 7, beide Seiten zeigen die Typen der älteren römischen Denare.

Nr. 8 20 21, beide Seiten ganz gleich der Servilia Nr. 4. Der Kopf kommt auch bei der Clovlia vor.

Nr. 9, die Kehrseite gleich der Veturia, und Münzen von Atella und Capua, und campanischen Goldmünzen mit der Aufschrift ROMA Riccio Tafel LXVII 5, 6, 7.

Nr. 10, die Vorderseite gleich der Veturia.

Riccio meint, diese Münze der Veturia sei nach Beendigung des Socialkriegs geprägt, dies ist äusserst unwahrscheinlich. Auch kommt auf den Social-Münzen der Kopf der Veturia-Münze nur mit vier Kriegern auf der Kehrseite, die Kehrseite der

Veturia nur mit einem anderen Kopfe vor. Der römische Monetar Veturius hätte also aus zwei Social-Münzen die seinige zusammengestellt?

Nr. 14 15 16, die Kehrseite gleich Caecilia Nr. 7, Nonia Nr. 1, Poblicia Nr. 5.

Nr. 17, beide Seiten gleich Porcia Nr. 5, 6.

Nr. 22, die Kehrseite: Licinia Nr. 10, Postumia Nr. 3.

Oskische Münzen.

Goldmünze.

AV.	Kopf einer Bacchantin, mit einem Epheukranze, rechtshin.	Cista mystica, darüber liegt die Nebris oder eine Bockhaut, an die Cista ist ein Zweig gelehnt, an dessen Spitze ein Widderkopf gesteckt und eine Binde befestigt ist. Im Abschnitt '*mi. ietis. mi*'.

Dieses einzige Exemplar der einzigen Goldmünze der Bundesgenossen ward 1830 von dem bekannten Münzhändler Capranesi dem englischen Sammler Dr. Nott verkauft, dann ging es in die Sammlung des Herrn Thomas zu London über. Wir besitzen einen scharfen Schwefelabguss davon, und haben danach diese interessante Münze in den Annali dell' Instituto di Corrispondenza archeologica, 1846, bekannt gemacht, nachdem Herr Mérimée eine Beschreibung desselben Exemplars nach einer Notiz gegeben welche er vom Herzog von Luynes empfangen hatte. Diese Beschreibung war aber ungenau, er las '*g.paapi.g*', während auf der Münze in klaren oskischen Buchstaben der Name eines sonst unbekannten Beamten '*mi. ietis. mi*' steht. Minius, wie Magius, ist ein oskischer Name, beide abgeleitet von minor und maior. Der Familien-

Name '*ieiis*' entspricht dem lateinischen Jegius; die gens Jegia ist nicht unbekannt, sie findet sich in einigen Inschriften bei Gruter (siehe den Index der Namen), und dass die Familie im Sabinerlande ansässig war beweist eine Inschrift von Amiternum (bei Muratori 80 7, verbessert von Giovenazzi Aveja Seite CXXIV) welche einen Aedil C. Jegius nennt.

Was die Typen betrifft, so erscheint der Kopf der Bacchantin ebenfalls auf der Münze des Papius Mutilus Nr. 6. Zu diesem Kopf passen hier die bacchischen Embleme der Kehrseite. Dass die Typen nicht, wie viele der Silbermünzen, auf Ereignisse des Krieges sich beziehen, scheint, wie das edlere Metall, anzudeuten dass die Münze zu einer Zeit des Friedens und der Ruhe geprägt ist, etwa während des Waffenstillstandes nach dem Fall des Silo, während die Römer mit ihren inneren Streitigkeiten beschäftigt waren, und von der Partei des Marius der Bund als unabhängiger Staat aufgefordert wurde sich mit ihr zu verbünden.

In dem Versteigerungs-Katalog der Sammlung Thomas ist dieses Exemplar der Goldmünze als falsch aufgeführt. Diese Meinung rührt, wie wir sicher wissen, von gewissen Napolitanischen Sammlern her die alle seltenen Münzen welche sie nicht selbst besitzen für falsch zu erklären pflegen. Nichts ist leichter als jedwelche Münze zu verdächtigen. Der Verfasser des Thomas'schen Katalogs hätte sich nicht sollen so leicht induciren lassen. Für die Aechtheit dieser Münze aber sprechen äussere wie innere Gründe. Herr Capranesi, bekanntlich einer der tüchtigsten praktischen Kenner, hat uns wiederholentlich versichert, die Münze sei von der unzweifelhaftesten Aechtheit, er habe sie lange und genau untersucht. Noch mehr: gegossen kann sie nicht sein, denn es giebt kein Original in Silber. Es müsste also ein moderner Stempel sein, nun würde aber ein Fälscher gewiss bedeutende auf die Zeitverhältnisse bezügliche Typen und Namen der berühmten Heerführer gewählt haben, wozu ihm die Silbermünzen Beispiel und Vorbild geben konnten. Und dann, vor zwanzig Jahren war die Kenntniss des Oskischen noch so wenig verbreitet dass es einem Fälscher wohl unmöglich gewesen wäre einen oskischen Namen mit Vor- und Vaternamen so ganz richtig zu erfinden. Auch würde die Münze, wäre sie falsch, gewiss nicht Unicum geblieben sein, aber nie hat man von einem zweiten Exemplare gehört.

Stil, Fabrik, Character der Schrift, welche alle zu beurtheilen ein so scharfer Schwefelabguss als der unserige vollkommen ausreicht, sprechen für die Aechtheit nach der Meinung vieler erfahrenen Numismatiker denen wir in Rom und in Berlin die Frage vorgelegt haben.

Man hat noch als Grund für die Falschheit die Aehnlichkeit angeführt welche unsere Münze mit dem Denar der Vibia Riccio Nr. 22 habe. Aber wie eine Vergleichung Jedem zeigen wird, ist diese Aehnlichkeit gar nicht vorhanden, und wäre sie vorhanden so würde sie noch gar nichts für die Falschheit beweisen, da viele Silbermünzen der Bundesgenossen genaue Nachbildungen römischer Denare sind. Aehnliche

Typen finden sich auf Kupfermünzen von Amisus (Hunter Tafel 4 XI, Combe Mus. Brit. Tafel IX Nr. 2).

Nach dem Gesagten können wir diese Münze nicht für falsch halten.

Silbermünzen.

1) AR	*'viteliú'* Lorbeerbekränzter weiblicher Kopf linkshin, mit Halsband und Ohrring.	Bewaffnete Figur rechtshin stehend, mit der Rechten sich auf die Lanze stützend, in der Linken das Schwerdt, den linken Fuss auf ein am Boden liegendes Feldzeichen setzend, rechts neben der Figur das Vordertheil eines liegenden Stiers. Im Abschnitt *'i'*.

Aus Exemplaren welche wir selbst gesehen haben (die Königliche Sammlung besitzt zwölf) oder welche sicher beglaubigt sind, lässt sich folgende Reihe oskischer Buchstaben, im Abschnitte der Kehrseite, zusammenstellen: *'a b g d z h i m n p'*. Es fehlen also noch zum vollständigen oskischen Alphabet die neun Buchstaben *'e v k l r s t u f'* *); wohl nur zufällig fehlen uns *'e v k l'*, da die in der Reihefolge sie umgebenden Buchstaben vorhanden sind. Dann fehlen noch die fünf letzten Buchstaben des Alphabets *'r s t u f'*. Es ist also anzunehmen dass die Reihe der Buchstaben auf diesen Münzen nur von *'a'* bis *'p'* ging. *'z'* (I) ist in Inschriften selten, es kommt einmal vor als Anfangsbuchstab eines unbekannten Vornamens in *'z. húrtiis'* auf der kleinen Säule, welche wir zu Pietrabbondante gesehen haben und welche später für das Museo Borbonico erworben worden ist (Avellino Bull. Napol. 1846 Seite 71 Tafel III 6 und ebendaselbst Seite 81, Mommsen kleine Inschriften Nr. VII), und zweimal auf der Tafel von Agnone in den Wörtern *'húrz'* und *'az'* (Mommsen S. 128).

Ausser den angeführten Buchstaben finden sich noch im Abschnitt einiger Münzen die sonst in oskischer Schrift nicht vorkommenden Zeichen Ψ und Ψ, wie es scheinen könnte dem griechischen Ψ entsprechend, doch da dieser Laut stets in oskischen Inschriften durch *'ps'* ausgedrückt und sogar in der Mamertiner-Inschrift von Messina, in welcher oskische Worte mit griechischen Buchstaben geschrieben sind, in dem Worte ΟΥΠΣΕΝΣ das Ψ vermieden ist, so kann man diese Zeichen nicht für Ψ nehmen. Endlich

---

*) Avellino Ital. vet. num. Seite 19 Nr. 4 bis 13 führt unter anderen oskischen Buchstaben auch F auf, da er sie aber durch lateinische Buchstaben wiedergiebt so kann man nicht wissen ob damit ⊐ oder 8 gemeint ist, höchst wahrscheinlich das erstere.

findet sich nicht selten das Zeichen ψ, welches sonst ganz unbekannt ist. Vielleicht sind diese Zeichen Ligaturen, das letzte etwa aus E und V.

Mérimée führt ein Exemplar der Sammlung in Paris an welches „einen kleinen Discus vor dem Kopf der Figur der Kehrseite" zeige. Vermuthlich ist dies nur eine zufällige kleine Erhabenheit im Felde, wie sie sich öfter auf diesen Münzen findet.

Die Typen. Der Kopf der Vorderseite stellt die Italia dar, wie die nebenstehende Aufschrift beweist. Auch hat man dabei wohl an die Hauptstadt Corfinium gedacht welche Italia genannt ward. Auf römischen Denaren, z. B. der Servilia Riccio Nr. 3, ist die Roma ganz ähnlich dargestellt.

Die bewaffnete Figur der Kehrseite nennt Eckhel Mars, welcher nach Strabo die Sabiner unter Leitung eines Stiers in's opische Land schickte. Millingen Récueil Seite 31 und Avellino Opuscoli II Seite 19 halten, wohl mit grösserem Recht, die Figur für den kriegerischen Genius Italien's, und den Stier für das Sinnbild des Landes. Bestätigt wird diese Meinung durch die Münze Nr. 2 wo neben der nämlichen Figur '*viteliù*' steht, doch steht freilich auch auf Nr. 3 neben derselben Figur '*safinim*'.

Diese Figur ist nicht halbnackt, wie sie öfters beschrieben ist, sondern sie trägt einen Panzer, sechs Exemplare der Königlichen Sammlung zeigen deutlich am Halse den obern Rand des Panzers. Um den unteren Theil des Körpers ist ein Mantel geschlagen dessen eines Ende vom linken Arme in Falten herabhängt. Diese Falten sind zuweilen irrig für ein Bandelier des Schwerdtes, welches die linke Hand hält, genommen worden. Die kleinen Ausladungen unten an der Lanze, in denen man die Lanzenspitze zu sehen glaubte, scheinen, da die Lanze bei einer Figur die den Krieg andeutet, wohl nicht zu Boden gekehrt sein möchte, eine Art von Handgriff zu sein.

Nach den am besten erhaltenen Exemplaren scheint das worauf die Figur den linken Fuss setzt ein Feldzeichen zu sein. Doch ist Alles so klein dass bei der rohen Arbeit schwer zu entscheiden ist. Ein feindliches Feldzeichen ist aber hier am natürlichsten. Cavedoni hat in Avellino's Bullettino Napoletano V Seite 6 und 7 mit Ausführlichkeit über diese Darstellung gesprochen; wir haben wenigstens sehr viele Exemplare gesehen und genau verglichen, und geben in der obigen Beschreibung das Resultat dieser Beobachtung.

Ein Exemplar, '*m*' im Abschnitt der Kehrseite, auf der Vorderseite die deutliche Aufschrift ƆVI.ƎTIꟻƆ bildet Swinton ab, in den Philosophical Transactions Vol. 51 Part. II. Den fünften nach der Abbildung undeutlichen Buchstaben las Swinton irrig '*e*' statt '*l*'. Aber von dem letzten höchst auffallenden Buchstaben '*r*' sagt er ausdrücklich: the eight letter is the Etruscian R, as presented to our view by one of the medals of C. Papius Mutilus, by the tables of Gubbio, etc. It is very perfect and intire and not exhibited by any such piece that has hitherto appeared. Wenn nun auch dies Exemplar das einzige geblieben ist unter so vielen welche die Aufschrift '*vitelii*' haben, so lässt sich doch gegen ein so klares und unbefangenes Zeugniss nicht einwenden Swinton habe falsch gelesen, und am wenigsten darf man der Münze die Aechtheit absprechen. Grammatisch erklären lässt sich diese Form nicht, es ist ein Stempelfehler. Swintons Erklärung des '*fiteeiur*', wie er las, durch Veturius bedarf keiner Widerlegung.

---

2) AR	Lorbeerbekränzter weiblicher Kopf linkshin, dahinter '*viteliü*'.	'*ni. lüvkl. mr*' Bewaffnete Figur rechtshin stehend, in der Rechten die Lanze, in der Linken das Schwerdt, neben ihr der Vordertheil eines liegenden Stiers. Im Abschnitt '*a*'.

Swinton, Philosophical Transactions Band LVIII Seite 253 Nr. 3 und Band LXIII Seite 22, veröffentlichte zuerst diese interessante Münze, in zwei etwas verschiedenen Exemplaren. In unserer obigen Beschreibung haben wir die Aufschriften berichtigt, unsere beiden Abbildungen aber sind nach den Swinton'schen mit allen Irrthümern getreu wiederholt. Gewiss hat auf den Münzen nicht '*viteeiü*' wie auf der Abbildung, sondern '*viteliü*' wie auf den anderen Münzen gestanden. Auch der Magistrats-Name ist dort unrichtig '*lüvti*' angegeben. Das '*t*' hat den Querstrich nach dem folgenden Buchstaben gewendet, während er sonst immer nach dem vorhergehenden gewendet ist, schon dies führte darauf dass diese Lesung unrichtig ist; Swinton selbst sagt in der Note, Band LXIII Seite 23, sie sei auf seinen beiden Exemplaren unsicher. Jetzt ist sie nun durch ein drittes kürzlich in Neapel zu Tage gekommenes festgestellt welches Avellino, leider ohne Abbildung, im Bullettino Napoletano Theil VI Seite 78 publicirt hat. Er giebt die Aufschrift als ganz deutlich '*ni.lüvkl*'; '*mr*' ist auf diesem Exemplar nicht sichtbar, und das '*a*' welches wohl auch hier im Abschnitt steht giebt Avellino als '*p*'. Da das '*mr*' auf Avellino's Exemplar fehlt, so bezweifelt er dass es auf dem Swinton'schen gestanden habe. Er scheint aber zu übersehen dass es nach den Swinton'schen Abbildungen (siehe unsere Copien) auf der andern Seite der Figur steht, und dass es daher auf seinem Exemplar durch Verschiebung des Stempels leicht fehlen konnte. Eine irrige Lesung kann man wohl dem sorgfältigen und wahrhaften englischen Gelehrten Schuld geben, aber keine willkürliche Verlängerung der Aufschrift. Da Avellino an das '*mr*' nicht glaubt, so theilt er die Aufschrift so: '*ni.lüvk.l.*' und liest sie Numerius Lucilius oder Lucceius L. (f). Aber '*lüvkl*' entspricht nur dem römischen Lucilius oder Luculeius. Ein Magistrat der Bundesgenossen Numerius Luculeius oder Lucilius Marii filius ist historisch unbekannt. Wie sehr die

Namen der Führer der Bundesgenossen im Munde der Römer und dann in den Handschriften entstellt worden sind zeigt die erwähnte Zusammenstellung aller Namen-Abweichungen bei Freinsheim. Papius zum Beispiel heisst bei Diodor *'Απώνιος* Dass wir diesen Lucilius oder Luculeius nicht kennen, so wenig als den Jegius der Goldmünze, darf aber am wenigsten veranlassen diese Münzen für falsch zu halten, wie es geschehen ist. Was man nicht erklären kann auf solche Weise zu beseitigen ist freilich sehr bequem.

Die Figur der Kehrseite, von Swinton wohl nicht ganz genau dargestellt, stimmte gewiss, auf den Münzen selbst, mit der auf unserer Nr. 1 überein.

---

3) AR	'*g.mutil*' Weiblicher behelmter Kopf linkshin, mit Halsband.	'*safinim*' Bewaffnete Figur rechtshin stehend, die Rechte auf die Lanze stützend, in der Linken das Schwerdt, den linken Fuss auf ein am Boden liegendes Feldzeichen setzend, rechts neben der Figur Vordertheil eines liegenden Stiers. Im Felde '*a*'.

Unsere Abbildung dieser äusserst seltenen, soviel ich weiss nur in fünf Exemplaren bekannten Münze stellt das vollkommen erhaltene Exemplar der Königlichen Sammlung dar, welches ich im Jahre 1846 auf der Reise durch die südlichen Provinzen des Königreichs Neapel in der kleinen Stadt Campi bei Lecce von einem Goldschmidt angekauft habe. Das Exemplar des Herzogs von Noja, jetzt im Museo Borbonico, ist, wie eine sorgfältige Vergleichung erwiesen hat, aus denselben Stempeln geprägt. Ein drittes Exemplar hat Annibale Olivieri in den Saggi di Dissortazioni dell' Academia di Cortona Theil II abgebildet; das vierte Pellerin, Suppl. II Tafel I 3; das fünfte endlich befindet sich in der Kaiserlichen Sammlung zu Wien. Dies hat '*b*' statt '*a*' im Felde. Mérimée, welcher nur die beiden Exemplare von Olivieri und zu Wien aufführt, sagt, statt '*a*' oder '*b*' finde sich auch ein kleiner Discus im Felde, er führt keine Quelle an, und wir halten diese Angabe für irrig.

Eckhel sagt in der Doctrina, mit dem bewunderungswürdigen immer das Rechte ahnenden Scharfsinn welcher ihn nie verlässt, die Meinung des Maffei dass '*safinim*' Sabini bedeute, sei sehr wahrscheinlich. Jetzt wissen wir dass es der Genitiv Pluralis ist und also dem lateinischen Samnitium entspricht. Die Samniten hiessen griechisch *Σαυνῖται*, wie dafür die oskische Form lautete ist unbekannt; durch unsere Münze ergiebt sich dass das Wort nach der dritten oskischen Deklination ging, deren sonst noch nicht vorgekommener Genitivus Pluralis auf '*im*' hierdurch bestimmt wird.

---

4) AR

'g.paapii.g.mutil' diese Umschrift ist von zwei punktirten Kreisen eingeschlossen; im Felde: weiblicher Kopf mit Flügelhelm Ohrring und Halsband, rechtshin.

'viteliú' Bewaffnete Figur rechtshin stehend, die Rechte stützt sie auf die Lanze, in der Linken hält sie das Schwerdt, den linken Fuss setzt sie auf ein am Boden liegendes Feldzeichen, rechts neben der Figur der Vordertheil eines liegenden Stiers.

Das einzige bekannte Exemplar befindet sich in der Münzsammlung des Museo Borbonico, unsere Abbildung ist genau danach gezeichnet. Fiorelli hat die Münze zuerst bekannt gemacht (Monete inedite Seite 18 Tafel III 4), in seine Abbildung haben sich einige kleine Irrungen hinsichts der Buchstaben eingeschlichen.

Der Typus der Vorderseite ist genau dem römischen Denar der Acilia Riccio Nr. 5 nachgeahmt, wo die Aufschrift M.ACILIVS M.F. ebenso im Kreise einen behelmten Kopf umgiebt, der dort die Roma vorstellt während hier darunter die Italia gemeint ist. Der Typus der Kehrseite ist der nämliche wie auf der vorhergehenden Münze, nur dass hier die Aufschrift *'viteliú'* neben der Figur steht.

---

5) AR

Weiblicher behelmter Kopf linkshin, mit einem Schuppenpanzer, dahinter eine kleine stehende Victoria welche einen Kranz erhebt.

Bewaffnete Figur rechtshin stehend, die Rechte auf eine Lanze stützend, in der Linken das Schwerdt, den linken Fuss auf ein am Boden liegendes Feldzeichen setzend, links ein Baumstamm an dessen Aesten vier Schilde hängen, rechts der Vordertheil eines liegenden Stiers. Im Abschnitt IIV.

Sammlung des Königlich Hannoverschen Gesandten Herrn Kestner zu Rom, danach unsere Abbildung.

IIIV. im Abschnitt, Avellino Op. II Seite 17 Nr. 20 und vorher publicirt und abgebildet von dem Principe di S. Giorgio in den Monumenti inediti Theil II Seite 110 Tafel VIII Nr. 3. XI im Abschnitt, Mérimée Rev. num. 1845 Tafel IV 1 nach einem Exemplar der Pariser Sammlung.

Der Typus der Kehrseite ist derselbe wie auf den Münzen Nr. 1 bis 5, nur ist hier noch eine einfache Trophäe neben der Figur. Der Principe di San Giorgio glaubte die Münze wegen dieser Trophäe und wegen der Victoria der Vorderseite auf den Sieg der Samniten in den Caudinischen Pässen beziehen zu dürfen. Der Stier hat hier eine etwas andere Lage und Wendung, entspricht aber doch dem auf den ähnlichen Münzen.

Die Münze hat zwar keine Schrift, doch schliesst sie sich, mit dem Typus der bewaffneten Figur und des Stiers, an die vorhergehenden oskischen Münzen. Deshalb haben wir sie hierher gestellt. Die Zahlen aber stehen hier nicht auf dem Kopf wie auf der Münze Nr. 11, sondern bloss rückläufig, IIV IIIV XI sind 7 8 9. Es scheint also darin kein festes Gesetz beobachtet worden zu sein. Auf oskischen Inschriften hat man bisher nur die beiden Zahlen IIX und IIX), 12 und 112 gefunden, bei denen man nicht sehen kann ob sie auf dem Kopf gestellt sind.

---

6) AR	'*mutil. embratur*' Weiblicher Epheubekränzter Kopf rechtshin.	'*g.paapi*' im Abschnitt, ein Stier welcher eine zu Boden geworfene Wölfin mit den Hörnern stösst, die ganze Gruppe linkshin.

Dies Exemplar dieser äusserst seltenen Münze habe ich in Neapel für die Königliche Sammlung zu Berlin angekauft. Exemplare mit der Gruppe der Kehrseite rechtshin: im Museo Borbonico und in der Sammlung des Herzogs von Luynes. Auch abgebildet in Dutens Explication de quelques médailles S. 222, und in dem Kupferwerk über die Pembroke'sche Sammlung Theil II Tafel 87, beschrieben in dem Versteigerungs-Katalog dieser Sammlung Nr. 285, 2. Ein Exemplar befindet sich auch in der Herzoglichen Sammlung zu Gotha, und eins im Brittischen Museum abgebildet bei Millingen Supplément aux considérations Tafel II 16. Der Epheubekränzte Kopf der Vorderseite fand sich ähnlich auf der Goldmünze. Bei der Erklärung der Kehrseite war Eckhel der Wahrheit nahe gekommen, nur die Wölfin erkannte er nicht; weil sie auf manchen Exemplaren und Abbildungen nicht einen zottigen sondern spitzen Schweif hat, hielt er sie für ein Krokodil. Die richtige Erklärung hat zuerst Schlichtegroll gegeben, nach ihm Avellino. Es ist der italische Stier, die römische Lupa niederwerfend, welche heulend den Rachen aufsperrt. Man hat in dieser Darstellung eine Beziehung auf den Consul Rutilius Lupus suchen wollen welcher in einer der ersten Schlachten des Kriegs fiel, und Millingen erinnert auch an eine Stelle einer Anrede an die Soldaten welche Velleius Paterculus II 27 dem Pontius Telesinus in den Mund legt bei dem Angriff gegen die Porta collina: die Wölfe, Räuber der italischen Freiheit, würden nie fehlen wenn nicht der Wald zerstört werde in dem sie nisteten. Allein diese Beziehung ist doch gar sehr gesucht, und noch mehr, jener Angriff fand erst im Jahre 82 statt, also längst nach Beendigung des eigentlichen Kriegs und gewiss lange nach dem Aufhören der Prägung. Die Aufschrift beginnt hier auf der Kehrseite, und das sonst gewöhnliche '*g*' nach '*paapi*', zur Bezeichnung des Vaternamens, fehlt.

---

7) AR	Weiblicher Kopf mit Flügelhelm Ohrring und Halsband rechtshin, am Halse das Denarzeichen X, vor dem Kopf > wie es scheint.	'*viteliu*' im Abschnitt, die Dioskuren rechtshin sprengend, in der Rechten Lanzen haltend, über ihren Häuptern Sterne.

Zwei Exemplare der Königlichen Sammlung haben das Zeichen > auf der Vorderseite, doch beide nicht ganz deutlich. Ein Exemplar bei Avellino Opuscoli II Seite 15 Nr. 14 und Tafel II 7 hat das > nicht. Ein anderes von dem Principe di S. Giorgio in den Monumenti antichi inediti distribuzione II Seite 110 Tafel VIII 4 abgebildetes hat ebenfalls das > nicht, aber unter den Vorderfüssen der Pferde der Kehrseite Λ, hier vielleicht die oskische 5.

Der Typus der Kehrseite ist eine Nachahmung häufiger altrömischer Consular- und Familien-Münzen.

---

8) AR	Weiblicher Kopf mit Flügelhelm rechtshin, dahinter ein Kranz, darunter X und '*mutil*'.	Die Dioskuren, rechts- und linkshin sprengend, die Lanzen zur Erde gekehrt, über ihren Häuptern Sterne. Im Abschnitt '*g.paapi.g.*'

Unsere Abbildung ist nach einem Exemplar im Museo Borbonico gezeichnet. Auf einem zweiten Exemplare derselben Sammlung fehlt, wenigstens scheinbar, auf der Vorderseite '*mutil*' und das Denarzeichen.

Die Typen beider Seiten sind genaue Nachbildungen einer Münze der Familie Servilia Riccio Nr. 4. Der Kopf mit dem Kranze kommt auch auf einem Denar der Clovlia vor.

---

9) AR	Behelmter jugendlicher Kopf linkshin, umher '*mutil.embratur*'.	Zwei Krieger, mit Lanzen bewaffnet, berühren mit den Schwerdtern ein Schwein welches ein zwischen ihnen knieender Jüngling hält. Im Abschnitt '*g.paapi.g*'.

Königliche Sammlung. Auf einigen Exemplaren fehlt angeblich das zweite '*g*' zur Bezeichnung des Vaternamens, wie es auch auf anderen Münzen zuweilen fehlt.

Die Aufschrift beginnt hier, wie öfter, nicht auf der Kopfseite.

Der Typus der Kehrseite ist einem Denar der Familie Veturia entnommen. Riccio glaubt zwar diese römische Münze nach dem Socialkrieg geprägt, als eine Nachahmung der Bundesgenossen-Münze, er bezieht die Darstellung auf den wiederhergestellten Frieden zwischen Rom und den Italioten, allein diese Beziehung ist schon an sich höchst unwahrscheinlich, und dass die Römische Münze das Urbild war geht auch daraus hervor dass ihre Kehrseite auf dieser Social-Münze, ihre Vorderseite auf der folgenden mit einer veränderten Kehrseite nachgeahmt ist. Es sind also die beiden Seiten der Münze der Veturia zu zwei verschiedenen Bundesgenossen-Münzen benutzt. Ausserdem findet sich diese Darstellung auf Goldmünzen mit der Aufschrift ROMA. Auch diese sind gewiss älter als die Social-Münzen, und wohl gleichzeitig mit den bekannten Silbermünzen, welche auf der Vorderseite denselben unbärtigen Januskopf, auf der Kehrseite Jupiter in der Quadriga haben, und welche man mit vieler Wahrscheinlichkeit nach Capua giebt. Ein verwandter Typus findet sich auch auf oskischen Kupfermünzen von Capua und Atella. Dieser Typus stellt einen Bündnissschwur dar, Eckhel führt zur Erklärung die Worte des Cicero (de Invent. L. II C. 30) an: in eo foedere quod factum est quondam cum Samnitibus quidam adolescens nobilis porcam sustinuit iussu imperatoris. Auch eine Stelle des Livius (I 24) erläutert diese Darstellung.

Auf dieser Münze erscheinen zwei schwörende Krieger, auf der folgenden vier und auf Nr. 11 und 12 acht. Millingen hat die verschiedene Zahl der Krieger auf die wechselnde Zahl der zum Krieg verbundenen Völkerschaften gedeutet, so dass die Münze mit acht Schwörenden die älteste wäre, die beiden anderen die im Laufe des Krieges sich vermindernde Zahl der kämpfenden Völkerschaften zeigten. Aber es ist unwahrscheinlich dass man die Verminderung der Streitkräfte auf öffentlichen Denkmälern zur Schau gestellt habe. Der Typus ist nach antiker Sitte mehr für eine Andeutung als für die wirkliche Darstellung der Begebenheit zu nehmen. Und die Münzen mit zwei und vier Kriegern sind oskisch, die mit acht zum Theil lateinisch, sie sind also nicht in derselben Prägstätte geschlagen, auch daher erklärt sich die Verschiedenheit. Mérimée sagt mit Recht dass man zuviel Werth auf die Zahl der Krieger gelegt habe.

---

10)	AR	'*viteliú*' Behelmter Kopf mit schwachem Barte rechtshin, um den Hals einen Mantel, im Felde X.	Vier Krieger berühren mit den Schwerdtern ein Schwein welches ein in der Mitte knieender Jüngling hält. Im Abschnitt '*g.paapii.g*'.

Der Kopf, wie es scheint Mars, ist der römischen Münze der Familie Veturia genau nachgeahmt. Die Darstellung der Kehrseite ist bei der vorhergehenden Münze erläutert. Hier ist der sonst '*paapi*' abgekürzte Name '*paapii*' geschrieben, es ist der Nominativ '*paapiis*' mit fortgelassenem '*s*'.

11)	AR	Lorbeerbekränzter weiblicher Kopf linkshin, mit Ohrring und Halsband, dahinter '*viteliu*'.	Vor einem Feldzeichen knieend hält ein Jüngling ein Schwein welches acht Krieger, vier zu jeder Seite, mit den Schwerdtern berühren. Im Abschnitt '*b*'.

Wir haben ein Exemplar dieser sonst unbekannten Münze bei dem Münzhändler Ascherson in Neapel gesehen. Die Kehrseite kommt auch auf Münzen mit lateinischer Aufschrift vor.

---

12)	AR	Lorbeerbekränzter weiblicher Kopf linkshin, mit Ohrring und Halsband.	Vor einem Feldzeichen knieend hält ein Jüngling ein Schwein welches acht Krieger, vier zu jeder Seite, mit den Schwerdtern berühren. Im Abschnitt X.

Königliche Sammlung. Wir kennen Exemplare mit den Zahlen II IIII IΛ X IX IIX, IΛX IIΛX IIIΛX IIIIΛX. IΛX hat Olivieri Saggi dell' Academia di Cortona irrig PAX gelesen. Ueber die oskischen Zahlen siehe vorn Nr. 5. Zuweilen fehlt hier das Feldzeichen, wie es immer auf den Münzen mit zwei und mit vier schwörenden Kriegern fehlt. Derselbe Typus findet sich auch auf Münzen mit lateinischer Aufschrift. Diese Münze hat zwar keine oskische Aufschrift, aber die Stellung der Zahlen ist die oskische, deshalb haben wir sie der vorhergehenden oskischen angereiht.

Die Meinung, die Zahlen X XVI XVIII deuteten den Werth des Denars: zehn, sechzehn, achtzehn Asse an, wird durch die andern Zahlen widerlegt, es sind wohl, wie die einzelnen Buchstaben, Prägungszeichen vielleicht mit Beziehung auf die Emissionen der Geldstücke.

---

13)	AR	Weiblicher behelmter Kopf rechtshin, dahinter eine kleine Victoria den Kranz hochhebend.	Zwei Krieger sich die Hände reichend, der links stehende hält eine abwärts gekehrte Lanze, rechts im Felde der Vordertheil eines Schiffes, auf dessen Verdeck Lanzen Schilde und eine Art von Flagge, im Abschnitt Λ.

In der Königlichen Sammlung. Riccio Monete delle famiglie, zweite Ausgabe, Cornelia Nr. 53 führt andere Exemplare an, welche statt der Λ die Zahlen II III X haben. Avellino beschreibt in den Opuscoli Theil II Seite 16 Nr. 17 und 18 zwei Exemplare einer Münze welche, wie wir vermuthen, mit der unsrigen identisch ist. Avellino's Beschreibung weicht darin von der unsrigen ab, dass statt des Schiffes ein Postament auf welchem eine kleine Victoria steht angegeben wird. Ein Blick auf unsere Abbildung zeigt dass diese Verwechselung leicht geschehen konnte wenn jene Exemplare nicht vollkommen erhalten waren. Damit fällt auch Cavedoni's Erklärung dass hier der Bund des Marius und Telesinus dargestellt sei (Bullettino dell' Instituto 1837 Seite 200), denn sobald ein Schiff neben den Kriegern steht kann dieses Bündniss nicht gemeint sein. Avellino's zwei Exemplare haben die Zahlen IIII und XII im Abschnitt, eins in Arneth's Synopsis unter Gens Cornelia: IIIΛ. Wir haben also die Zahlenreihe II III IIII V VIIII X XII.

Eine Münze welche in den Typen ganz genau mit der unsrigen übereinstimmt aber statt der Zahl im Abschnitt, die Aufschrift SVLA.IMP trägt ist bei Morelli Thesaurus T. II Cornelia Tafel V abgebildet, und danach in Visconti's Iconographie Romaine. Borghesi bespricht sie in der Decade VIII osservazione 1 und Decade XVI osservazione 9, ohne sie gesehen zu haben. Riccio welcher dasselbe Morelli'sche Exemplar anführt (zweite Ausgabe Supplementtafeln Cornelia Nr. 10, im Texte Nr. 53) bezweifelt die Richtigkeit der Aufschrift; die Münze sollte sich nach einer Aussage des Baron d'Ailly in der Sammlung zu Paris befinden, aber bei einer Nachfrage und Nachsuchung welche Herr Professor Gerhard dort auf meine Bitte angestellt, hat sie sich nicht gefunden. Wir dürfen sie also übergehen bis ihre Existenz nachgewiesen sein wird. Es ist aber auch kaum möglich dass diese Münze so existirt, wenigstens die Erklärung Borghesi's kann nicht richtig sein. Denn nach dieser Erklärung ist hier das Gespräch zwischen Sulla und Mithridates dargestellt, dies fiel im Jahre 669 d. St. vor. Damals war der Socialkrieg schon beendet, also unsere dem Socialkrieg unzweifelhaft angehörige Münze schon geprägt. Sulla hätte also um ein so bedeutendes Ereigniss als sein Gespräch mit Mithridates darzustellen, eine Münze der Bundesgenossen nachgeahmt; dies ist ganz undenkbar.

Der Typus der Bundesgenossen-Münze muss sich auf einen überseeischen Bund beziehen, die Verbündung ist durch das Händereichen deutlich bezeichnet, das bewaffnete Schiff deutet auf eine Hülfsflotte. Nun erzählt Diodor in den Fragmenten des 37sten Buchs beim Jahre 664 d. St., die Bundesgenossen hätten Gesandte zum König Mithridates um Hülfe geschickt, er habe sie zu unterstützen versprochen sobald er Asien unterworfen haben werde. Auf diesen Bund beziehen wir die Darstellung der Münze. Es scheint sehr glaublich dass die Bundesgenossen den verheissenen auswärtigen Beistand hoch genug schätzten um ihn gleich auf ihren Münzen darzustellen, da er den Muth zum Kriege sehr erhöhen musste.

Cavedoni dagegen glaubt (Bullettino dell' instituto 1843 Nr. IX) es sei auf der Münze Marius dargestellt wie er bei seiner Rückkehr aus Africa mit den Italioten sich gegen Sulla verbünde, und man habe jene (fragliche) Münze mit dem Namen Sulla's hier parodirt. Cavedoni hielt nämlich (Bullettino 1844 Seite 24 Nr. 6) jene Münze mit Sulla's Namen für ächt.

Lateinische Münzen.

---

14)	AR	Lorbeerbekränzter weiblicher Kopf rechtshin, mit Ohrring und Halsband, davor X.	Italia auf Schilden sitzend linkshin, eine Lanze in der Rechten, ein Schwerdt in der Linken, hinter ihr steht eine Victoria welche sie bekränzt, im Abschnitt ITALIA.

Königliche Sammlung. Andere Exemplare haben noch links im Felde der Kehrseite ⌣, oder C E F.

---

15)	AR	Lorbeerbekränzter weiblicher Kopf rechtshin, mit Ohrring und Halsband, dahinter ITALIA, davor X.	Italia auf Schilden sitzend, linkshin, in der Rechten die Lanze haltend, in der Linken das Schwerdt, hinter ihr steht eine Victoria welche sie bekränzt, im Abschnitt A.

Museo Borbonico. Ein anderes Exemplar hat B im Abschnitt.

---

16)	AR	Lorbeerbekränzter weiblicher Kopf rechtshin, dahinter ITALIA, davor XVI.	Italia auf Schilden sitzend, linkshin, in der Rechten die Lanze haltend, in der Linken das Schwerdt, hinter ihr steht eine Victoria welche sie bekränzt, im Abshnitt G.

Königliche Sammlung. Ein Exemplar bei Mérimée hat F im Abschnitt, ein anderes in der Sammlung San Giorgio zu Neapel G. Die drei Münzen Nr. 14 15 16 haben den Typus der Kehrseite von Denaren der Nonia Riccio Nr. 1 und der Caecilia Riccio 7. Er bedarf keiner Erklärung.

Die Münzen Nr. 14 und 15 haben das Denarzeichen X, Nr. 16 hat statt dessen die Zahl XVI, andere Zahlen kommen nicht vor, und die ausgezeichnete Stelle der Vorderseite wo X und XVI stehen bezeugt dass damit der Werth des Denars 10 und

16 Asse angezeigt wird. Auch auf römischen Denaren finden sich beide Zahlen, ohne dass sich aus ihrem Vorkommen Schlüsse auf das Alter der Münzen ziehen liessen, denn Denare der nämlichen Familie, von gleichem Gewicht, von scheinbar gleichem Alter haben bald X bald XVI. Wir haben Seite 72 darüber gesprochen.

Von diesen drei Münzen Nr. 14, 15, 16, hat, auf den uns bekannten Exemplaren, die zweite nur die Buchstaben A und B, die erste C E F, die dritte F und G.

---

17)	AR	Weiblicher Kopf rechtshin, mit einem Halsband und Diadem.	Victoria rechtshin auf einem Sessel sitzend, in der Rechten einen Palmzweig, im Abschnitt ITALIA.

Millingen hat in der Sylloge of ancient coins Tafel I Nr. 2 diese Münze bekannt gemacht. Sie ahmt genau die Typen eines Denars der Familie Porcia nach. Natürlich ist die römische Münze die ältere und das Original, die Social-Münze die Copie. Die Münze der Familie Porcia ist daher nicht, wie man geglaubt hat, von M. Porcius Cato von Utica, denn dieser war zur Zeit des Socialkriegs ein Knabe, sondern von einem seiner gleichnamigen Vorfahren geprägt.

---

18)	AR	Lorbeerbekränzter weiblicher Kopf linkshin, mit Ohrring und Halsband, dahinter ITALIA.	Vor einem Feldzeichen knieend hält ein Jüngling ein Schwein welches acht Krieger, vier auf jeder Seite, mit ihren Schwerdtern berühren. Im Abschnitt E.

Königliche Sammlung. Im Abschnitt kommen folgende Buchstaben vor: A B C D E G I M N O P Q V. Auch die Zahlen III und IIIII; ein Exemplar mit III hat den Kopf der Vorderseite rechtshin gewendet, und davor noch I. Ferner besitzt die Königliche Sammlung ein Exemplar mit C T im Abschnitt; ein anderes ebendaselbst hat keinen Buchstaben im Abschnitt aber oben im Felde neben dem Feldzeichen A X. Avellino glaubte Λ X (15) lesen zu müssen, (Bull. Nap. II Seite 8), aber unser Exemplar zeigt deutlich A X. Ein anderes Exemplar auf einem Probeblatt zu Carelli's Tafeln abgebildet hat B V im Abschnitt. Es hat den Kopf der Vorderseite rechtshin gewendet.

Diese Münzen geben ein römisches Alphabet, F H K L R S T X fehlen noch. Z als ein nicht ursprünglich römischer Buchstab wird nicht mit in der Reihe gestanden haben wie wir sogleich zeigen werden. Stellen wir nämlich die drei zuletzt angeführten Exemplare mit Doppelbuchstaben neben einander so ergeben sich folgende Paare A X, B V, C T. Es sind hier zusammengestellt: der erste Buchstab des Alphabets mit dem letzten, der zweite mit dem vorletzten, der dritte mit dem drittletzten. Ganz ebenso finden sich die Buchstaben zusammengestellt auf Denaren des L. Cassius Caeicianus. Auf ihnen zeigt die Vorderseite und die Kehrseite je einen Buchstaben so, dass der erste Buchstab des Alphabets auf der Vorderseite, dem letzten auf der Kehrseite derselben Münze entspricht, der zweite Buchstab dem vorletzten, und so fort. Aus den in der Königlichen Sammlung vorhandenen Münzen der Cassia und aus den von Eckhel in der Doctrina angeführten ergeben sich folgende Paare:

A B C D E F g H I K
X V T S R Q p O N M.

Es fehlt zufällig die Münze mit den sich entsprechenden Buchstaben G und P. Ausserdem fehlt L für welches kein zu kuppelnder vorhanden war, weil Z als nicht ursprünglich römischer Buchstab nicht in die Reihe aufgenommen ward. Dagegen wird K als römischer Buchstab angesehen. Dasselbe lateinische Alphabet und in derselben Reihenfolge ergiebt sich noch aus Denaren des M. Servilius C. F. Auf diesen sind die Buchstaben so gepaart dass der erste lateinische dem letzten griechischen gekuppelt ist, der zweite lateinische dem vorletzten griechischen und so fort.

Wir kennen folgende Paare: A C D E F H N O P R S
Ω X Φ Y T P M Λ K Θ H

Es ergeben sich daraus mit den natürlichen Ergänzungen folgende Reihen:

A B C D E F G H I K L M N O P Q R S | T V X
Ω Ψ X Φ Y T Σ P Π O Ξ N M Λ K I Θ H | Z E Δ Γ B A

Also vom lateinischen A bis S entsprechen die Buchstaben den griechischen von Ω bis bis H, für die sechs ersten griechischen bleiben aber nur die drei letzten lateinischen übrig. Man hat also mit S—H, oder doch mit X—Δ aufgehört. M. Servilius hat, wie man aus dem Stil der Münzen schliessen darf, etwa um 550 der Stadt gelebt. Die Epoche des L. Cassius lässt sich nicht bestimmen.

---

19)	AR	Lorbeerbekränzter weiblicher Kopf rechtshin, mit Ohrring und Halsband, dahinter ITALIA.	Vor einem Feldzeichen knieend hält ein Jüngling ein Schwein welches acht Krieger, vier auf jeder Seite, mit ihren Schwerdtern berühren, im Abschnitt Q. SILO.

Millingen Sylloge Seite I Tafel I Nr. 2 veröffentlichte das bis jetzt einzig bekannte Exemplar dieser interessanten Münze, welche den Namen eines der ersten Heerführer der Bundesgenossen giebt. Es befindet sich in der Pariser Sammlung. Der Familien-Name Pompaedius ist in der Aufschrift weggelassen, wie es oft auf römischen Denaren auch geschieht.

---

20)	AR	Weiblicher Kopf rechtshin, mit Flügelhelm und Halsband, dahinter ein Kranz.	ITALIA Die Dioskuren rechts- und linkshin sprengend, die Lanzen sind zur Erde gerichtet.

So beschreibt Mérimée Rev. num. 1845 S. 92 Nr. 7 diese im Pariser Kabinet befindliche Münze. Nach einer eingezogenen Nachricht ist dies das nämliche sehr abgenutzte Exemplar welches Mionnet Suppl. I 226 192 ebenso beschreibt, nur sagt Mionnet: es seien auf der Vorderseite das Denarzeichen, und „des caractères osques alterés". Wäre das letztere wirklich der Fall, so wäre die Münze bilinguis. Da aber Mérimée diese oskischen Buchstaben nicht erwähnt so haben wir die Münze wegen der lateinischen Inschrift der Kehrseite unter die lateinischen gestellt.

Zweisprachige Münze.

21)	AR	X ITALIA Weiblicher behelmter Kopf rechtshin, dahinter ein Kranz.	Die Dioskuren, rechts- und linkshin sprengend, über ihren Häuptern Sterne, die Lanzen halten sie zu Boden gerichtet. Im Abschnitt '*g.paapi.g*'. Das erste '*g*' steht rechtläufig.

Diese in der Pariser Sammlung befindliche Münze hat Mérimée unter Nr. 8 Tafel V Nr. 2 beschrieben und abgebildet. Wäre nicht die lateinische Aufschrift der Vorderseite als ganz deutlich dargestellt so könnte man glauben dass statt ITALIA '*mutil*' zu lesen sei, denn sonst ist die Münze ganz unserer Nr. 8 gleich. Ueber die Typen und ihre Aehnlichkeit mit denen eines Denars der Servilia ist schon vorn gesprochen worden. Der Name des Papius ohne den Zunamen erscheint auch auf Nr. 10.

Wichtig wäre diese Münze wenn die Lesung gesichert wäre, weil sie allein lateinische und oskische Aufschriften zusammen zeigt.

Unbestimmte Münzen.

22)	AR	Kopf eines der Dioskuren, rechtshin, mit dem kegelförmigen Hut um welchen ein Lorbeerkranz befestigt ist, über dem Hute ein Stern, um den Hals ein Mantel mit einem Knopf auf der Schulter befestigt.	Weibliche behelmte Figur mit Schild und Lanze auf einer rechtshin fahrenden Biga, unter den Pferden T.

In der Königlichen Sammlung zu Berlin. Zuerst vom Herzog von Luynes publicirt in den Annali dell' instituto 1841 Seite 129, und abgebildet in den Monumenti desselben Instituts III Tafel XXXV. Dann von Avellino besprochen im Bullettino Napoletano Band II Seite 8 und 25. Des Herzogs von Luynes Vermuthung, im Abschnitt der Kehrseite, welcher auf seinem Exemplar nicht ganz sichtbar war, stehe vielleicht ein Name, wird durch unser Exemplar widerlegt. Den Kopf der Vorderseite hielt er für Vulkan, einen der Dioskuren darin zu sehen scheint uns natürlicher, auch sind ja die Dioskuren auf den Münzen der Bundesgenossen häufig. Avellino erklärt die Figur der Kehrseite nicht für Pallas sondern für Italia. In dem Buchstaben T sah Avellino, ohne Grund wie uns scheint, das Zeichen ⊥ für 50.

Der Typus der Kehrseite erscheint ähnlich auf Münzen der Familien Licinia Riccio Nr. 10 und Postumia Riccio Nr. 3.

---

23)	AR	Weiblicher behelmter Kopf linkshin, mit Harnisch, dabei I.	Nackter Mann linkshin stehend, das Haupt mit dem Fell eines Löwen bedeckt, mit einem Schwerdte bewaffnet, mit der Rechten berührt er den Kopf eines Stiers dessen Vordertheil dargestellt ist, in der Linken hält er die Lanze.

Avellino Opuscoli II Seite 16 Nr. 19, nach dem Exemplar der Sammlung Zurlo zu Neapel. Leider giebt Avellino keine Abbildung dieser interessanten Münze, der Beschreibung nach haben die Typen Aehnlichkeit mit unserer Nr. 3.

Avellino führt noch in den Italiae veteris numismata, Supplementum Seite 4 Nr. 40 die folgende Münze als vielleicht hierher gehörig aus dem Museo Borbonico an, wo wir sie jedoch vergebens gesucht haben.

LIBERTAS Lorbeerbekränzter weiblicher Kopf mit Ohrring.	Behelmte weibliche Figur mit dem Schwerdte, auf Waffen sitzend, den linken Fuss auf eine Kugel den rechten auf eine Lanze stellend, zwischen den Füssen ein Harnisch, sie wird von einer fliegenden Victoria bekränzt.

Ganz ähnlich beschreibt sie Carelli in dem Katalog seiner Sammlung; wahrscheinlich beziehen sich beide Beschreibungen nicht auf das nämliche Exemplar. Wir finden diese Münze sonst nirgends erwähnt noch abgebildet, und können sie nicht mit Sicherheit den Bundesgenossen zuschreiben. Ein Denar des C. Vibius Pansa (Riccio Nr. 18) ist der von Avellino beschriebenen Münze ähnlich, und würde ihr als Vorbild gedient haben. Sie unterscheiden sich nur dadurch dass auf dem römischen Denar LIBERTATIS auf der Vorderseite, und auf der Kehrseite, an der Stelle der Victoria der Socialmünze, die Aufschrift C·PANSA C·F·C·N· steht.

Mérimée führt noch eine Münze an deren Vorderseite den weiblichen behelmten Kopf rechtshin, dahinter X, davor T zeigt, auf der Kehrseite ist eine Figur in rechtshin fahrender Quadriga dargestellt, im Abschnitt ΛXƎƆ⊥VI.

Mérimée glaubt, diese Aufschrift erinnere an den Namen des Judacilius, eines der Anführer des Bundes. Er liest nämlich IVTCE, ΛX wird XV Decemvir erklärt. Der Anblick seiner Abbildung zeigt jedoch dass diese Münze eine der häufig vorkommenden verwilderten Nachbildungen römischer Denare ist, wie die das römische Gebiet begränzenden Barbarenvölker sie anfertigten, und jene Aufschrift ist daher eine sinnlose Zusammenstellung lateinischer Buchstaben. Als Vorbild mag etwa der Denar der Familie Fabia, Riccio Nr. 1, gedient haben, welcher dieselben überhaupt auf römischen Denaren häufigen Typen hat.

Avellino führt in den Opuscoli II Seite 17 Nr. 21 eine **Kupfermünze** an welche er den Bundesgenossen zutheilt, abgebildet hat er sie nicht, auch giebt er keine Gründe für seine Zutheilung. Wir lassen seine Beschreibung hier folgen.

Æ 3	Behelmter weiblicher Kopf rechtshin, mit Flügeln an den Schultern, davor EI.... rückläufig.	Stehender Krieger, in der ausgestreckten Rechten hält er ein Feldzeichen, in der Linken Lanze Schild und Schwerdt.

Aus den beiden übrig gebliebenen Buchstaben lässt sich die Aufschrift nicht errathen, dürfte man statt IƎ : ⊢Ɔ lesen so könnte es der Anfang von '*viteliu*' sein. Die Typen weichen von denen der Silbermünzen ab; den Kopf erklärt Avellino als den der Italia welche von der Victoria die Flügel entlehnt habe.

Hier unten haben wir den Denar der römischen Familien Fufia und Mucia abgebildet welcher auf die Versöhnung der Italioten mit Rom sich bezieht. Auf der Vorderseite sind die sich deckenden Köpfe des Honor und der Virtus dargestellt, der erste lorbeerbekränzt, der zweite behelmt, daneben die abgekürzten Namen dieser Gottheiten HO und VIRT, und KALENI der Name des Triumvir monetalis L. Fufius Calenus. Auf der Kehrseite reichen sich Italia und Roma die Hand; Italia im langen

Gewande hält das Füllhorn in der Linken, Roma lorbeerbekränzt, das Schwerdt an der Seite, das Scepter in der Linken, setzt den Fuss auf die Erdkugel. Neben ihnen stehen die abgekürzten Namen ITAL und RO, über ITAL ein Caduceus, und im Abschnitt CORDI, der Name eines anderen Triumvir monetalis Mucius Cordus. Roma erscheint also mit den Attributen des Sieges und der Herrschaft, Italia mit denen des Reichthums. Es ist dies die einzige römische Münze auf welcher Italia genannt ist.

Inhalt.

Druck von J. Petsch in Berlin.

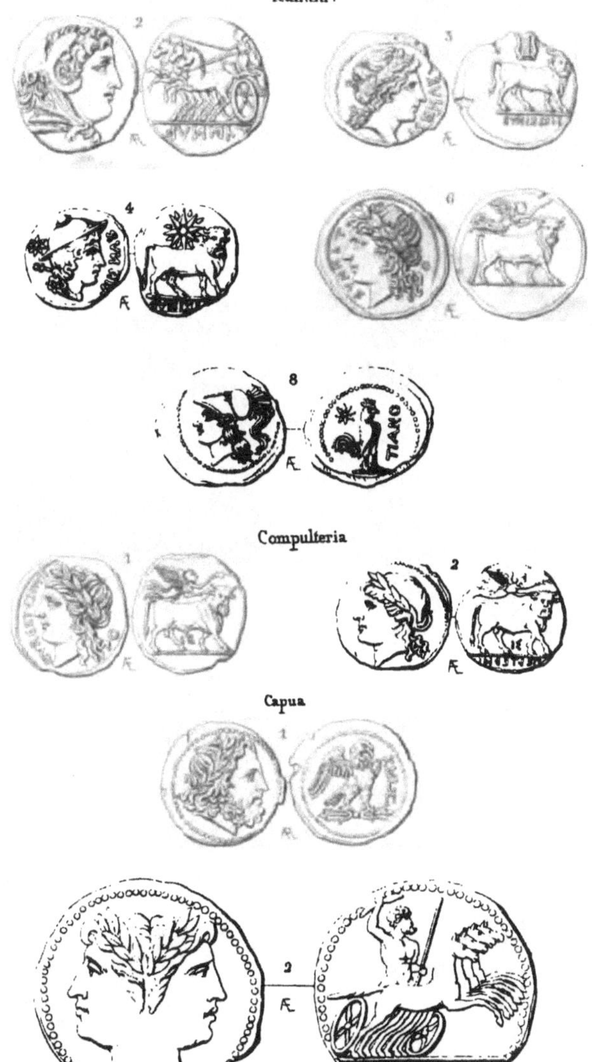

Hugo Troschel fec.

II.

Capua.

3 4 5

6 7

8

10 11

III.

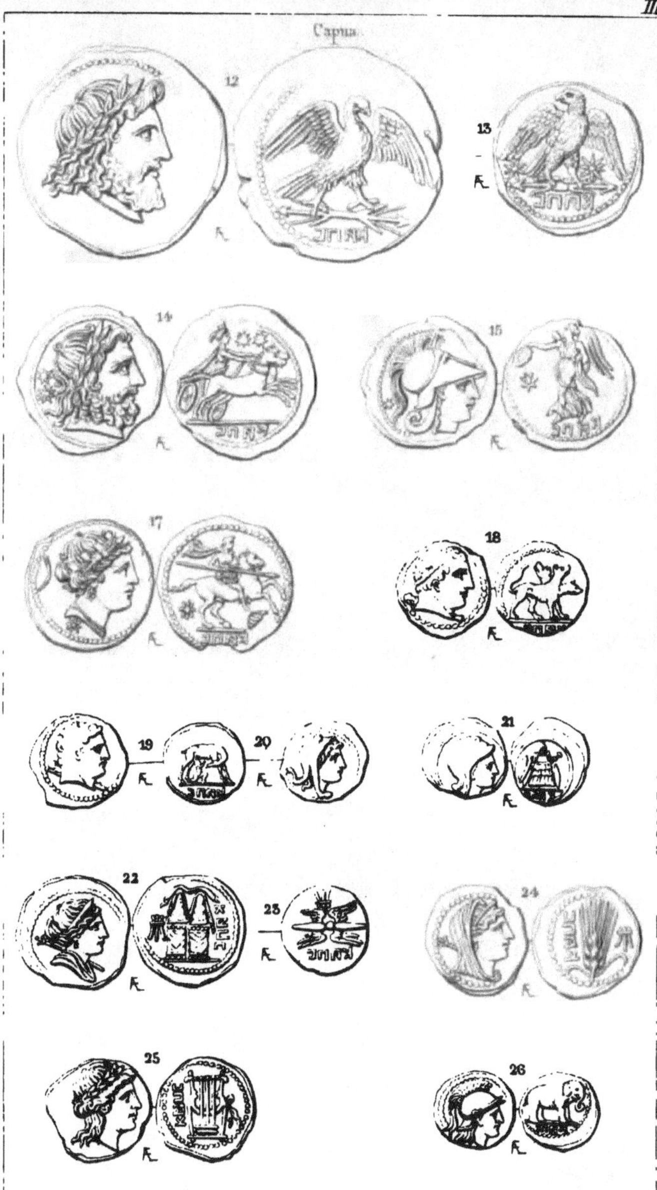

IV.

IV.

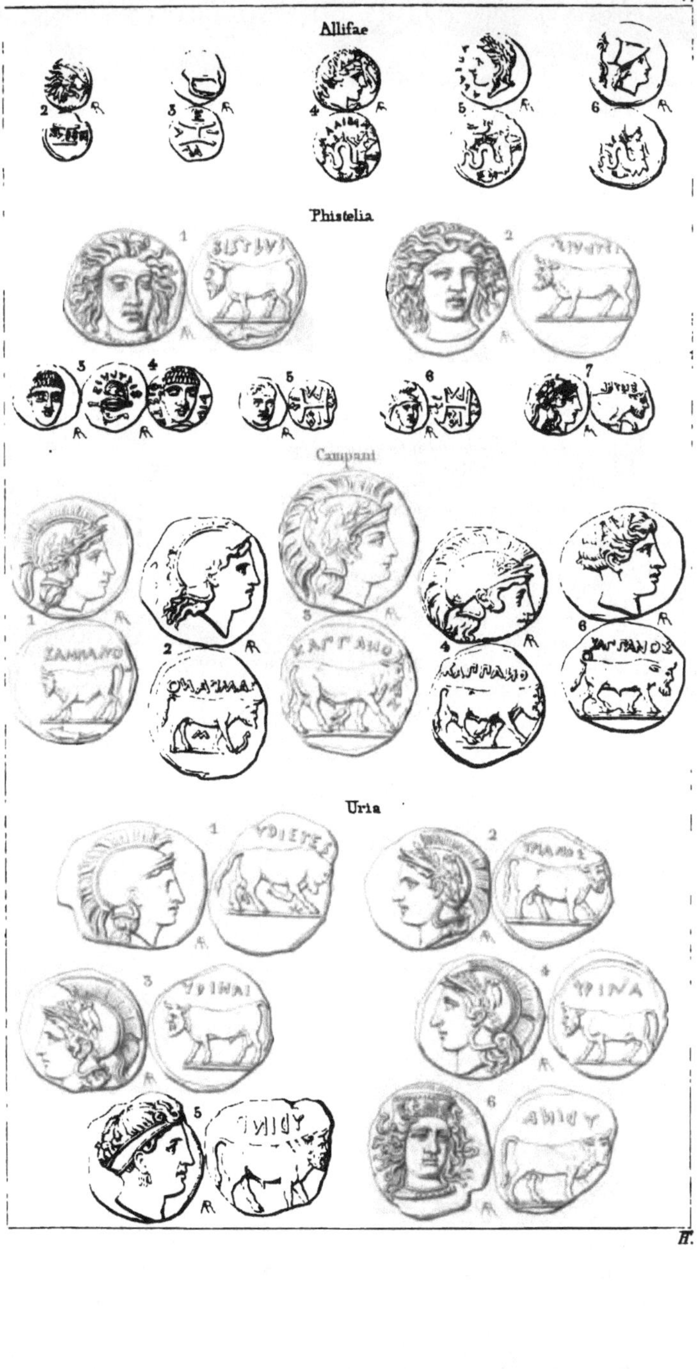

V.

Allifae

Phistelia

Campani

Uria

H.

Frentrum.

Larinum

Teate.

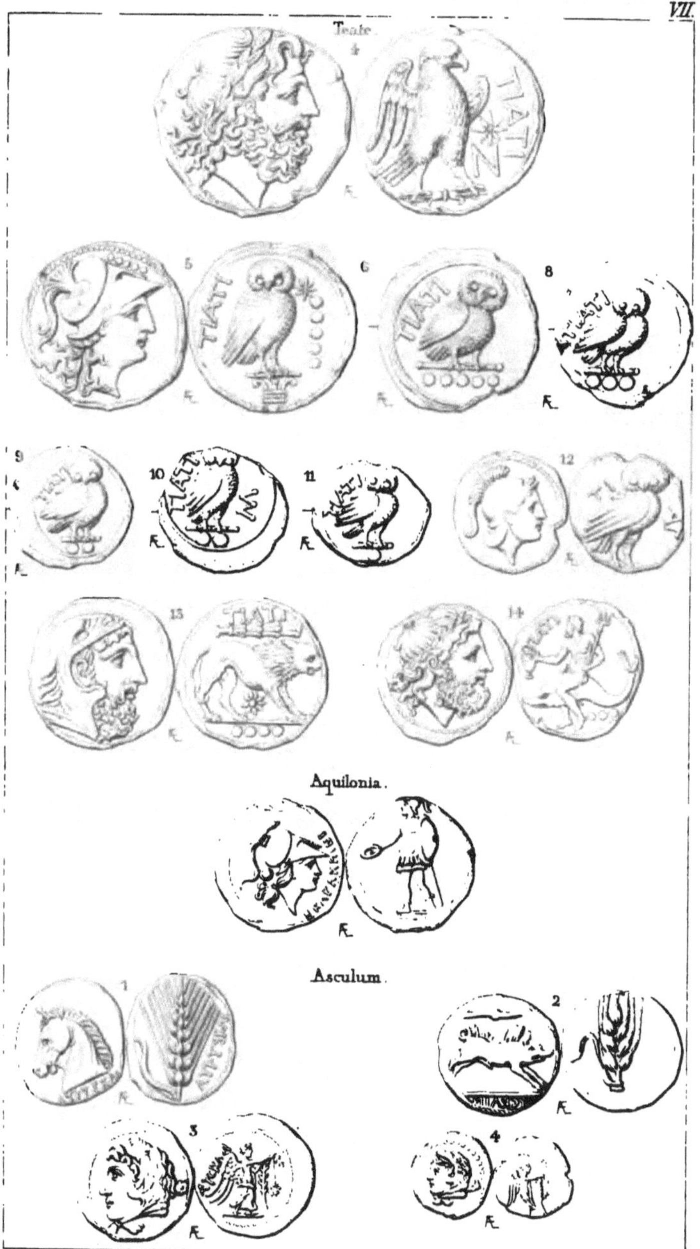
Teate.
4
5
6
8
9
10
11
12
13
14
Aquilonia.
Asculum.
1
2
3
4

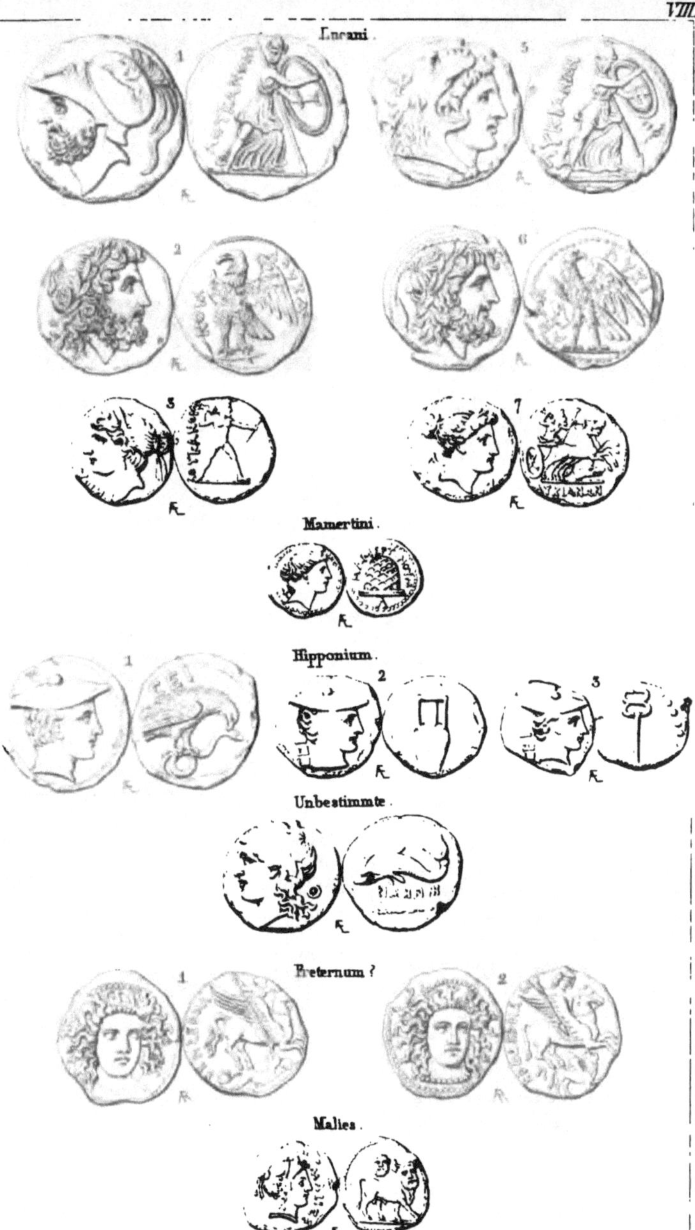
Lucani.
1
5
2
6
3
7
Mamertini.
Hipponium.
1
2
3
Unbestimmte.
Peternum?
1
2
Malies.

Silbermünzen der Bundesgenossen.

IX.

1

2

2

3

4

5

6

7

8

9

10

12

H.

13

14
ITALIA
15
16
17
ITALIA
18
ITALIA
19
21
22

Zeitfracht Medien GmbH
Ferdinand-Jühlke-Straße 7
99095 Erfurt, Deutschland
produktsicherheit@kolibri360.de